인문학에서
미래농업의 길을 찾다

농업인문학서

인문학에서 미래농업의 길을 찾다

박영일 지음

한국학술정보

프롤로그

우리는 풍요한 물질문명의 세상 속에 살아가고 있다. 그런데 날이 갈수록 농촌의 삶은 상대적으로 어렵고 힘들다고 말한다. 수입농산물의 확대, 농가소득의 정체, 농촌 고령화 등으로 농업·농촌의 현실은 실로 어렵기만 하다. 그동안 많은 정책적 지원에도 불구하고 좀처럼 나아지려는 기미가 보이지 않는다. '농업은 생명산업이고 농촌은 미래'라는 대명제가 있음에도 희망의 빛을 찾기가 쉽지 않은 듯 느껴지고 있다.

여기에 대한 해법으로 인간이 가야 할 길의 근본을 말해주는 인문학의 지혜에서 그 근원적 길을 찾아보자는 마음을 오래전부터 갖게 되었다. 농업인의 사고에 인문학이라는 둥지를 확고히 뿌리내리면 우리 농업에 새로운 변혁의 계기를 마련해볼 수 있다는 신념을 갖게 되었다. 그래서 필자는 '인문학과 농업경영'의 그 맥락과 접목 효과에 대해 다년간 연구를 해오게 되었다. 그 결과물이 바로 이 책이라고 말하고 싶다.

인문학에 대한 나의 사랑은 각별하다. 인간의 삶을 더욱 행복하고 풍요롭게 만들어주는 바탕이 바로 인문학이라는 믿음으로 생활하고 있다. 그렇다 보니 인생의 지혜가 농축되어 있고 몇 천 년 이상 세월을 거쳐 이겨 온 '고전'에 더욱 많은 애정을 갖게 되었다.

한편으로 나는 선진 농업경영기법, 농촌지도자의 리더십, 농산물 마케팅전략, 행복한 농촌생활 등 다양한 주제로 강의를 해오다 보니 자연적 인문학적 관점에서 농촌발전을 모색해보려는 안목도 갖게 되었다. 인문학적 사고를 바탕으로 한 농업경영전략에 대한 강의를 농업인·농업관련 공무원 등을 대상으로 하면서 더욱 농촌현장의 감각도 많이 익히게 되었다. 이 책을 집필하는데 있어서도 많은 도움이 되었다.

우리가 부자 농촌을 만들기 위해서는 영농기술과 제도적인 뒷받침도 중요하겠지만 가장 중요한 것은 농업인 자신의 경쟁력이라고 생각한다. 곧 '사람이 경쟁력'이라는 얘기다. 그렇다면 나무의 뿌리가 튼튼해야 잘 자랄 수 있듯이 인문학적 사고를 군건히 해야 경쟁력을 갖게 된다는 믿음을 갖고 있다. 나무 밑둥치가 강건해야 웅비하는 꿈의 날개를 달고 미래로 나아가는 데 근원적 힘을 제공할 수 있을 것이다. 그래서 오늘날 많은 사람들이 인문학에서 다양한 경영의 난제들을 풀어나가는 데 실마리를 찾고 있다.

이 책은 무엇보다 우리가 농업과 인문학 관계를 상호 교차하는 시각에서 볼 필요가 있다는 것을 강조하고 있다. '농업을 인문학 관점'에서 보고, '인문학적 관점에서 농업'을 바라보자는 것이다. 양방향의 시각에서 음미해보면 더 많은 의미와 가치가 와 닿을 수 있을 것이다. 경영과 인문학의 접목은 상호 간 지식이 아니라, 관점의 접목이다. 그래서 인문학의 본질을 깨닫고, 한편으로 농업경영의 특성을 상호 융화시켜 가치창출을 해보자는 것이다. 우리 농업에 철학적 깨달음, 역사적 교훈, 문학적 감성, 심리적 치유 등의 요인을 농업경영에 접목해 보면 보다 새로운 가치관이 형성될 수도 있을 것이다. 또한 미래지향적인 농업으로 나아가는데 변화의 단초가 될 수도 있을 것으로 믿어진다.

이 책의 골격은 크게 두 가지로 나누어진다.

먼저, 왜 농업에 인문학이 필요한가이다. 우리 농업에 있어서 인문학은 삶의 토양이라고 생각한다. 인문학은 큰 그림을 그리도록 하는 상상력과 창의력을 제공하기 때문이다. 그래서 인문학적 토양에 녹아 있는 영양분을 충분히 섭취해보자는 것이다. 또 인문학적 영향으로 탄생된 생각의 씨앗을 바탕으로 농업경영에 새로운 시각을 가져보자는 것이다.

그다음은 오늘날 농업문제에 대한 해법을 인문학의 본질이라고 할 수 있는 철학·역사·문학·심리 측면에서 찾아보자는 것이다.

우선 철학적 가치 접목은 우리가 왜 농사를 짓고 있는가에 대한 근원적인 물음이다. 이것을 심화시켜나가면 더욱 진정성을 찾게 될 것이다. 철학은 대상의 본질적 의미를 깊게 파고들려는 속성을 갖고 있다. 자신과 농업경영의 관계를 더욱 명확히 정립해볼 수 있을 것이다.

역사적인 관점에서 농업의 길을 묻는 것은 역사적 변화의 사실을 보고 오늘날 현실적 감각 속에 미래 방향과 잘 연결시켜 나가보자는 것이다. 농업은 그동안 시대적 가치 속에 많은 역사적 변화의 시대를 거쳐 왔다는 것을 주목해야 한다. 역사는 미래를 찾는 지도라고 말한다. 과거를 재조명하고 그것을 통하여 현재와 미래를 모색해보아야 한다.

문학에서 묻는 농업의 길은 감성의 폭을 넓혀나가자는 것이다. 이성을 중심으로 하는 물질문명의 시대에 감성을 접목시켜 농촌의 가치를 높여보자는 것이다. 또 문학적 고찰은 상상력의 발현 및 적용을 자극하게 된다. 네트워크 세상이 될수록 스토리텔링의 가치가 더욱 높아지게 될 것이다.

심리에서 농업의 길을 묻는 것은 농업을 치유산업으로 육성해보자는 것이다. 최근 마음과 정신의 치유를 뜻하는 '힐링'이 사회·문화의 한 축으로 떠오르고 있다. 여기에 농업자원을 활용하여 심신을 치유하고 단련시키는 안식처 역할을 제대로 해 보자는 것이다. 이제 우리 농촌은 자연친화적이고 힐링을 주는 국민의 삶터·일터·쉼터로서 가치를 더 높여 나가야 한다.

아무쪼록 이 책이 농업인의 행복한 삶과 농가소득증대에 조금이라도 기여가 되기를 바라마지 않는다. 인문학에 대한 나의 작은 식견이 농촌발전에 조금이라도 도움이 되기를 염원해본다.

이 책이 나오기까지 이 책을 발간하는데 많은 지혜를 주면서 또 원고를 꼼꼼히 검토해준 NH농협생명 고영수 박사와 농협창녕교육원 손용석 교수께 심심한 감사의 말씀을 드리고 싶다. 이 책이 세상에 빛을 보도록 출판해 준 한국학술정보㈜에 깊은 감사를 드린다.

항상 집안을 위해 애쓰며 남편의 내조에 깊은 사랑을 담고 있는 아내에게 늘 고맙다는 말을 전하고 싶다. 평소 아빠를 늘 성원해주고 있는 큰아들 성빈이와 며느리, 또 작은아들 종빈이와 며느리에게도 고마움을 전한다. 그리고 귀여운 손자 건하도 이 책의 기운을 받아 무럭무럭 자라나기를 바라마지 않는다.

2019년 1월

저자 박 영 일

목 차

지혜를 밝혀주는

인문학

1. 삶의 토양인 인문학

인간과 관련된 것은 모두 인문학이라고 말할 수 있다. 인문학은 인간다운 삶의 본질을 추구하는 학문이다. 인문학은 오랜 역사 속에서 축적된 인간의 본질과 특성에 대한 이해와 지혜를 얻는 학문이기도 하다.

인문학은 "화학비료가 아니고 퇴비"라고 말한다. 인문학은 삶을 살아가는 데 있어서 밑거름이 되는 자양분이라는 것이다. 화학비료는 작물에 당장 효과는 나타나겠지만 그 지속성은 떨어진다. 또 매년 거듭해서 화학비료를 줄 경우에는 땅이 산성화되기 쉽다. 퇴비는 그렇지 않다. 토양에 흡수되어 상호작용을 하면서 꾸준히 효능을 발휘해 나간다. 땅과 퇴비는 하룻밤 풋사랑이 아니라 궁합이 맞아 백년해로의 심정으로 사랑을 나누며 살아가게 된다. 이처럼 우리의 삶에는 서서히 효능을 발휘하는 퇴비 같은 인문학적 소양이 필요하다.

그럼, 인문학적 토양에는 어떤 것이 담겨 있을까? 철학, 역사, 문학, 심리, 예술, 종교 등이 그 밑바탕을 이룬다고 볼 수 있다. 인문학의 근간이라고 할 수 있는 이런 분야들은 교양과목 정도로 단순하게 치부할 것이 아니다. 인문학은 인간적인 삶을 살아가는데 중요한 영양제가 될 수 있다. 토양의 퇴비로 간주해 볼 수 있다.

인문학을 퇴비에 비유했다면 분명 인문학은 단순한 기술이 아니라 지속적인 삶의 에너지로써 작용하게 될 것이다. 인생을 살아가는 데 근본적 지침이 담겨 있다고 여겨볼 수 있다. 미래로 나아가는 데 삶의 발판이 될 수 있는 것이다. 인문학적 사고가 마르면 생각의 폭이 좁아지고 어떤 상상이나 비전도 갖기 어렵다. 수천 년 동안 사랑을 받아오면서 내려오는 고전(古典)은 인류의 지혜가 녹아 있는 서적이다. 거기에는 분명 세상의 지향점을 찾고 올바르고 창의적인 삶의 기틀을 마련할 수 있는 자양분이 담겨 있을 것이다. 인간 본질적인 삶을 추구하는데 영양제로 여겨야 한다.

다산 정약용 선생은 먼저 인문학 공부를 한 다음 실용공부를 하라고 강조하였다. 인문학 공부로 바른 인성과 폭넓은 교양을 쌓은 후에 실용공부를 해야 참된 사람으로서 성장해 나갈 수 있다는 것이다. 우선 철학, 역사를 읽고 그다음에 실용학문을 공부하라고 권장했다. 철학을 통해 사고력과 올바른 인성을 키우고, 역사로 치세의 근본과 통찰력을 배운 후에 실용공부로 효용성을 높여 나아가라고 했다. 그래서 모든 공부는 학문의 밑바탕인 인문학 공부가 먼저라는 것이다.

무엇보다 인문학적 사고(思考)를 배양해 나가는 것이 중요하다. 인문학적 사고는 서양철학의 지붕이라고 할 수 있는 소크라테스처럼 어떤 사안의 근원에 따라서 '왜?'라는 사고를 바탕으로 끝없이 생각하다보면 자문자답의 형태가 더욱 좁혀지고 명료해질 수 있다. 그러면 자기만의 답을 구해낸다는 것이다.

일상생활에서도 충실한 삶이 되기 위해서는 사색과 깨달음이 있어야 한다. 시대가 불확실하고 미래에 대한 전망이 어두울수록, 우리는 나아갈 방향의 '근원'을 찾고 싶어 한다. 스스로 자신 삶의 의의에 대하여 숙고(熟考)하거나 탐구를 하게 되면 본질적 가치에 더욱 접근하게 될 것이다.

'애플'을 창업한 스티브 잡스는 "만일 철학자 소크라테스와 점심을 같이할 수만 있다면 애플회사를 다 줘도 여한이 없을 것"이라고 했다. 이는 인간의 욕망과 본질을 파악할 수 있는 깊은 혜안을 배워 고객의 가치를 진정으로 추구하는 비즈니스의 사업구도를 가져보겠다는 의미가 담겨 있다고 볼 수 있다. 그는 애플이란 회사를 인문학과 기술의 결합이라고 묘사했다. 그만큼 인문학 가치를 높이 평가하였다.

물론 인문학은 답을 주는 학문이 아니다. 답을 찾는 하나의 틀을 주는 것이다. 그래서 생각하는 힘을 길러야 한다. 인문학의 가치는 스스로 찾고 대답하는 힘이라고 말할 수 있다. 스스로 자기의 방향을 찾아 생존해 나가야 한다. 예를 들어 수시로 돌봐주어야 하는 채소보다는 스스로 자생력을 갖고 커가는 과일나무의 형태가 되어야 한다는 것이다. 홀로 생존할 수 있는 뚝심을 갖도록 스스로 생각하는 힘을 길러야 한다. 그래서 우리 농업인은 각자 자기만의 생각의 틀을 가져야 한다.

인문학은 자기가 접하고 있는 현상에 대해 스스로 생각하면서 본질적 관점을 부여하는 학문이라고 말한다. 컨설턴트 한근태 씨는 인문학이란 개념에 대해 다음과 같이 말한다. "자신만의 정의를 위해서는 본질에 접근하는 힘이 있어야 한다. 물론 자신이 이해한 본질이 바뀔 수도 있다. 그렇기 때문에 계속 변하고 업그레이드되어야 한다.

관심 있거나 고민하고 있는 단어를 적고 그 단어에 대해 자신만의 정의를 적어보라. 그러다보면 지금까지 자기 삶은 자기 관점, 자기 생각이 아닌 다른 사람이 내린 정의에 따라 살아왔다는 것을 느낄 수 있다."[1]고 했다. 이를 보면 우리가 부딪치는 현상에 대해 자기만의 관점과 생각의 틀을 갖는 게 중요하다는 것을 알 수 있다. 그래서 인문학은 우리의 일상의 삶에 밀착되어져야 한다.

인문학은 큰 그림을 그리도록 하는 상상력과 창의력을 제공한다. 인문학이 지향하는 가치는 전술보다는 미래를 내다보는 삶이 되어야 한다는 것에 비중을 두고 있다. 전술은 일상적이고 구체적인 활동이지만 전략은 장기적이고 근본적인 계획을 말한다. 미래에 대한 큰 그림인 전략은 전술이 어떤 곳을 지향해야 하는지 알려주는 나침반과도 같다. 그게 인문학의 역할이기도 하다.

나는 50세가 넘어서야 자동차운전을 했다. 오늘날 첨단문명시대에 답답한 노릇을 했다고 볼 수 있다. 그렇다 보니 주변에서 조롱 섞인 여러 말도 많이 듣게 되었다. "아직도 운전을 못하고 있다니, 쯧쯧~" "답답한 친구~" 등 자존심에 상처를 내는 흉까지 듣기도 했다. 또 가끔씩 들려오는 가족의 불평도 감내해야만 했다. 역시 세상은 자기만의 관점으로 보려는 속성이 있기 때문에 하나의 사안을 놓고서도 다양한 얘기가 나오지 않을 수밖에 없다.

하지만 나에게는 검소한 생활을 하겠다는 의지도 있었지만, 무엇보다 대중교통을 이용하면서 책을 보겠다는 결심이 나의 마음속 깊

---

1) 한근태, 『한근태의 재정의 사전』, 클라우드나인, 2018, 206쪽.

숙이 잠재되어 있었다. 운전보다는 책 읽는 시간이 나에게 더욱 소중하였기 때문이다. 아무래도 자가용이 있으면 여러 가지 면에서 시간과 에너지를 많이 빼앗길 것 같은 기분이 들었다.

나의 소신을 50세가 될 때까지 굳건히 밀어붙였다. 그 덕분에 많은 독서를 할 수 있는 시간을 확보하였다. 물론 가족의 불편과 고통이 뒤따랐지만 내공을 쌓아가겠다는 신념에는 변함이 없었다. 세상일은 어떤 것을 선택하느냐에 따라 어느 한쪽은 반드시 기회비용이 따르기 마련이다. 나의 고집 때문에 한창 젊은 시절 자가용 몰고 가족끼리 산뜻한 야외바람 한번 쐬지 못했다. 그때를 생각하면 아직도 가족에게 미안한 마음이 든다.

다행히 내가 지금 강의를 하고 글을 쓸 수 있는 것도 평소 책을 아주 가까이 한 덕분이라고 생각한다. 성공방정식에서 가장 중요한 것은 '자기 자신'을 상수로 두어야 한다. 자기다움의 확고한 철학이 없으면 경쟁력을 가질 수가 없다. '나는 나다'라는 생각을 가져야만 미래의 비전설정이 가능하다. 또 에너지가 분출되고 상상력과 창의력이 뒤따르게 될 것이다.

한 차원 높은 시선을 가져라

인문학 공부는 통쾌한 일이라고 말한다. 고전평론가 고미숙 씨는 『두 개의 별 두 개의 지도』에서 학문과 지성이 무엇보다 중요하다는 것을 정조 대왕이 쓴 글을 통해 다음과 같이 전해주고 있다. "요즈음에는 평소에 독서하는 사람이 드문데 그런 현상이 나는 너무도 이상하다. 하늘 아래 책을 읽고 이치를 연구하는 것만큼 아름답고 고귀한 일이 무엇이 있겠는가? 나는 일찍부터 이렇게 생각해왔다.

첫째로 경전을 연구하고 옛날의 진리를 배워서 성인이 펼쳐놓은 깊고도 미묘한 비밀을 들여다본다. 둘째로 널리 인용하고 밝게 분별하여 천 년의 긴 세월 동안 해결되지 않은 문제를 시원스레 해결한다. 셋째로 호방하고 힘찬 문장 솜씨로 지혜롭고 빼어난 글씨를 써내어 작가들의 동산에서 거닐고 조화와 오묘한 비밀을 캐낸다(*안대회, 『정조치세어록』, 21~22쪽). 진리를 익히고, 문제를 해결하고, 문장을 짓는 것, 이것이 "우주 사이의 세 가지 통쾌한 일"이란다. 이 통쾌함을 만끽했기에 그 끔찍한 상흔을 기꺼이 감내할 수 있을 것이다.2) 이는 인문학 독서의 가치가 대단하다는 것을 말하고 있다. 한 마디로 지혜를 준다는 것이다. 예를 들어 애벌레에게 1km를 가라면 가지 못할 것이다. 온몸이 엉망진창이 되어 목숨까지 희생될 수 있다. 하지만 애벌레가 부화되어 나비로 변할 때 1km는 무난히 갈 수 있다. 애벌레가 부화된다는 의미는 곧 우리 인간에게 있어서 인문학적 지식과 깊은 사고로 내공을 쌓아 지혜를 얻어 나비 수준으로 변신해 가는 것으로 간주해 볼 수 있을 것이다.

우리 사회가 한 단계 업그레이드하는데 필요한 것도 역시 인문학적 토양이다. 우리는 지금까지 선진국의 모델을 벤치마킹하면서 산업발전을 이룩해 왔다. 이제는 창의적이고 독자적인 발전의 모델을 새롭게 구축해야 한다. 그래야만 경쟁력을 키워 나갈 수 있다. 경쟁력에는 통찰력, 상상력, 창의력이 필요한데 이것은 철학적, 문화적, 심리적, 예술적, 윤리적 등 인문학적 차원을 통해 보다 높여 나갈 수 있어야 한다는 것이다. 그만큼 인문학은 생각의 폭을 넓고 깊게 해

2) 고미숙, 『두 개의 별 두 개의 지도』, 북드라망, 2014, 149쪽.

주는 바탕이 된다고 볼 수 있다. 인문학자 최진석 교수는 "우리 시선의 높이가 생각의 높이이고, 생각의 높이가 삶의 높이이며, 삶의 높이가 바로 사회나 국가의 높이다."라고 말한다. 우리가 처한 한계를 뛰어넘게 해주는 것이 바로 인문적 시선이라는 것이다. 결국 철학적 사유의 시선을 높여야 선도적인 삶의 단계로 진입해 들어갈 수 있다는 얘기이다.

보다 나은 삶을 위해서는 우리는 인문학적 관점을 접목해 나가도록 노력해야 한다. 그게 인간답게 그리고 행복하게 사는 지혜를 얻는 방법이 된다. 예부터 전해 내려오는 인문고전은 참된 생각의 깊이와 다양한 인식의 가치를 지녔기 때문에 오늘날 우리 현실에도 적용하면 많은 도움이 될 것이다. 수천 년 전 고전에 실려 있는 글들이 현재 우리의 구체적인 삶에 직접 관련이 되고 있으며 우리의 삶에 적용할 가치가 클 것이다. 또 인문학에는 상상력, 포용력, 판단력을 강조하고 있다. 타협과 합리성을 통한 예측 가능한 사회를 만드는 시선을 요구하기도 한다.

한 세상을 행복하게 잘 살다 가기 위해서는 세상과 사람에 대해 나름의 깨달음이 있어야 한다. 그 깨달음은 세상과 사람에 관련된 학문, 즉 인문학에 대해 공부를 하면 많은 도움이 될 것이다. 그래서 인문학은 삶의 유기질 토양이라고 말할 수 있다. 선진 농업·농촌을 만들어가기 위해서라도 보다 견고한 인문학적 관점을 지녀보자.

2. 인문학적 삶의 교훈

인문학적 토양에는 훌륭한 영양분이 많다고 했다. 하지만 그중 핵심은 무엇인가를 간파해야 한다. 비료의 주성분인 질소(N), 인산(P), 가리(K)를 일반적으로 식물의 3대 영양소로 일컫고 있다. 마찬가지로 인문학적 영양가를 3대 주요가치로 간주해보고 싶다. 즉 인문학적 사고의 바탕을 이루는 데는 ① '자기다움의 주체적인 삶' ② '지식보다는 지혜로운 행동' ③ '돈보다는 인간 중심의 사회'라고 여겨본다. 이런 3가지의 큰 틀 속에서 다음과 같이 그 의미를 살펴본다.

(1) 나를 세상의 주인공으로

끊임없이 나를 찾는 노력이 필요하다. 인문학이 삶의 가치에 점점 비중을 높여가고 있는 흐름에서 스스로 자아 성찰적 기회를 심오하게 가져 볼 필요가 있다. 그게 바로 자신에 대한 깊은 이해로 보다 창조적인 삶으로 연결될 수 있기 때문이다. 다음과 같은 물음으로 좀 더 내면 깊숙이 진지하게 자신을 들여다보는 기회를 가져보자.

'나는 누구인가?'
'나는 어떤 인간이 되어야 할까?'

이런 철학적인 질문을 자신에게 자꾸 던지면 어떻게 살아가야겠다는 삶의 태도가 더욱 분명해질 수 있다. 나만의 고유성, 자신에 대한 주변의 기대, 뭔가 해야 된다는 의무, 생(生)의 가치실현 등에 대한 깊은 사유를 하게 된다. 생각을 많이 할수록 결국 나 자신에 대한 정체성을 더욱 확고하게 만들어 줄 것이다.

『맹자』에서 "너는 너고 나는 나다. 네가 아무리 내 옆에서 옷을 벗고 알몸을 드러내더라도 어떻게 나를 더럽힐 수 있겠는가![이위이(爾爲爾) 아위아(我爲我) 수단석라정어아측(雖袒裼裸裎於我側) 이언능매아재(爾焉能浼我哉)]"라고 했다(『만장 하편』). 이는 성인 유하혜가 한 말이다. 유하혜의 기풍을 듣게 되면 비루한 사나이도 너그럽게 되고, 천박한 사나이도 후덕하게 된다고 말한다. 그는 화락하고 관후함을 지닌 융통성의 대명사로 통하기도 한다.

우리는 스스로 인생의 주인이 되고 의미를 찾는 삶이 되도록 노력해야 한다. 내면이 진정으로 원하는 것을 발견해야 한다. 대부분의 사람은 자신이 무엇을 필요로 하는지 잘 모른다. 별로 심각한 고뇌를 해본 적이 없기 때문이다. 자신이 진실로 원하는 것을 얻기 위해서는 철학적 깊이가 있을수록 더욱 밝은 샘물을 솟아나게 할 수 있다. 깊은 고뇌 끝에 결국 내가 무엇을 해야 하는가에 대한 뜻을 세워야 한다.

율곡 이이 선생은 『격몽요결』에서 "누구나 반드시 성인(聖人)이 되리라고 다짐하고, 털끝만치도 스스로를 시원찮게 여기거나 한발 물러서서 불가능하다는 핑계를 대서는 안 된다[필이성인자기(必以聖人自期), 불가유일호자소퇴탁지념(不可有一毫自小退託之念)]."고 했다. 사람의 얼굴 모양·체력·키 등은 하늘이 준 것이기에 고치는 데 한계가 있지만, 사람의 마음은 얼마든지 지혜를 어질게 바꿀 수 있다[3]는 것이다. 누구라도 자신감을 가져야 한다. 의지를 세우고 열심히 노력하면 얼마든지 성인(聖人)이 된다는 것이다.

변화가 심한 시대일수록 자기주관을 가져야 한다. 그래야 흔들리지 않고 중심을 잡을 수 있다. 변화무쌍한 21C에는 더욱 그렇다. 내가 갈 길을 모르면 북극성도 무용지물이다. 성공한 사람들의 가장 큰 특징은 인생관이 확고하다는 것이다. 그들은 자신이 해야 할 일에 대한 질문을 뚜렷하게 가진다는 것, 또 거기에 대한 답을 스스로 찾아 방향을 잡는다는 것이다. 자동차로 얘기하면 내비게이션을 하나 설치해 놓는 것이다. 그러면 방황하거나 갈등을 겪지 않고 잡념 없이 일에 매진할 수 있다. 자신에 대한 성찰은 삶을 더욱 의욕적으로 만들게 된다. 그리하여 그들은 다른 이들보다 더 많은 것을 이룰 수가 있었다.

'성공'과 '실패'도 결국 자신만의 관점에서 평가해야 한다. 삶이 어렵다고 그게 실패한 것이 아니다. 길게 보면 '인생은 어려울 때가 제대로 가고 있는 것'이라고 볼 수 있다. 지금 자신의 위치와 미래에 자신이 도달하고 싶은 위치에서 성공과 실패를 바라보아야 한다. 자기만의 용어로 성공과 실패를 정의할 때 현재와 미래에 초점을 두어야 한다. 사업을 하거나 기업을 창업한다는 것은 곧 미래에 초점을 두는 것이다. 지금 현실이 어렵고 힘들더라도 미래의 기준에서 나 자신을 돌아보고 위안을 해야 한다. 참고 견디어 나가면

---

3) 율곡 이이, 『격몽요결』, 정후수 역, 사단법인 올재, 2013(원저 1577년), 20~21쪽.

언젠가는 어두운 터널 속에 볕들 날이 올 것이다. 진정성을 갖고 열심히 노력하면 된다.

중국 청춘멘토인 리샹룽은『당신은 겉보기에 노력하고 있을 뿐』에서 "이론을 떠들지 마라. 남들의 이야기도 하지 마라. 당신은 당신 자신의 이야기를 하면 된다. 자신의 기쁨, 자신의 아픔, 바로 그런 자신의 이야기에 가장 힘이 있다. 세상이 무엇을 필요로 하느냐고 묻지 마라. 당신은 그저 당신 자신이 되면 된다. 이 세상이 필요로 하는 것이 바로 당신은 당신 자신이 되는 것이다."라고 했다. 시시껄렁하게 시간 낭비하지 말고 용감무쌍하게 자기 인생을 확실하게 살아가라고 당부한다. 인생에 변명은 필요 없다는 날카로운 일침은 가슴을 뜨끔하게 만들기도 한다.

'자신의 주인으로 산다는 것'에 대해 최진석 교수는 다음과 같이 말하고 있다. "자신의 주인으로 산다는 것은 이성에 제어되지 않고 욕망의 주인이 된다는 것이고, 이념의 수행자가 아니라 욕망의 실행자가 된다는 것이며, 다른 사람의 말을 수용하는 것이 아니라 나의 말을 하려는 사람입니다. 사람의 궁극적인 동력은 결국 나를 표현함에 있어야 합니다. 그래서 나를 침해하는 어떤 것에도 도전하기를 주저하지 않아야 합니다. 나의 주체성, 나의 존재성, 나의 존엄을 침해하는 것에는 거침없이 저항할 수 있어야 합니다. 그 과정 속에서 우리는 가장 밑바닥으로 내려갈 수도 있고, 가장 높은 곳으로 비상할 수도 있습니다. 자신이 도달한 그 깊이와 높이의 간격만큼이 곧 자기 자신의 함량입니다."[4] 주체성을 확실히 가지라는 주문이다.

---

4) 최진석 외, 『나는 누구인가』, 21세기북스, 2016, 193쪽.

동양 사상가인 장자가 꿈꾸는 세상도 개개인들이 자발적 생명력을 발휘해 이뤄지는 사회라고 말한다. 그래서 '노자는 이를 한층 더 강조하여 자기를 천하만큼 사랑하는 사람한테만 천하를 맡긴다.'고 했다. 자신을 천하와 대비시켜 결코 천하보다 낮은 단계에 두지 않아야 된다는 것이다. 천하가 나의 자발성으로 이뤄져야지 이념이 지배하는 틀에 갇힌 나로 이뤄져서는 안 된다는 이야기이다. 이념을 이행하는 수행자가 아니라 자신의 삶을 제대로 살아가는 생산자가 되기 위해서는 각고의 노력이 필요하다는 것이 최진석 교수의 주장이다.

'나는 나다'라는 확고한 마음으로 보다 의미 있는 삶이 되기 위해서는 더욱 뚜렷한 나다운 정체성 확립이 필요하다. 비교하면 불행해진다. 컨설턴트 한근태 씨는 "비교할 비(比) 자는 비수비(匕)자 두 개를 합쳐 이루어진 단어이다. 비(比) 자는 두 개의 칼이 타인과 자신을 해친다. 비교하기 좋아하는 사람은 매일 아침 눈을 뜨자마자 한 개의 칼로는 타인을 겨누고 다른 한 개의 칼로는 자신을 겨누다 상처를 입는다. 비교는 비교하는 사람, 비교를 당하는 사람 모두에게 도움이 되지 않는다."5)고 말한다. 주변에 부러워할 훌륭한 사람이 있다면 그건 그것으로써 인정해 주면 된다. 격려와 찬사의 박수를 보내주면 된다. 그렇게 하고서 곧 자신의 자리로 돌아와야 한다. 계속 부러워하다간 허송세월만 보낸다. 나 자신의 정체성을 다듬는데 에너지를 쏟아부어 넣어보자.

---

5) 한근태, 『재정의 사전』, 클라우드나인, 2018. 131쪽.

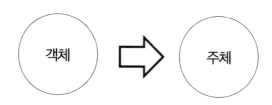

주체적인 삶이 되기 위해서는 각고의 노력을 기울여야 한다. 우선 위인들의 사고(思考)를 터득해가는 자세가 필요하다. 인문학 독서를 많이 해야 그들의 두뇌의 작동방식을 이해하게 된다. 그러면 자기 스스로 생각하는 힘을 얻게 될 것이다.

또 자기 자신을 직면하는 시간이 필요하다. 나의 내면과 진정한 대화를 나눠보자. 나와 나 사이에 아무것도 끼어들게 하지 말고, 자신의 민얼굴을 정면으로 응시하는 명상의 시간을 가져보자. 자신과의 성찰에서 뭔가 얻은 게 있다면 주체적 힘이 발동되도록 해보자. 더 나아가 천하에 공헌하는 삶의 방식을 찾아보자. 그러면 더욱 온전한 삶으로 변화하게 될 것이다. 나는 늘 '농촌이 살아야 나라가 산다.'는 신념으로 삶에 의미를 부여하면서 열심히 살아가려고 노력하고 있다.

(2) 지식에서 지혜로

나는 2013년 3월, 전남 완도군 청산농협에서 주관하는 조합원대학에 강의하러 간 적이 있었다. 청산도는 아시아 지역 '슬로시티 1호'라는 명예가 붙어 있는 섬이다. 자연경관이 유난히 아름다워 보였다. 일년 내내 섬이 푸르다고 해서 '청산도'라고 말한다. 너무나 깨끗하고 아름다운 풍경으로 예로부터 신선이 산다는 섬으로 일컫고 있다. 영화 <서편제>, 드라마 <봄의 왈츠>의 촬영지로 이름나 있기도 하다.

그런데 이 섬에서 선조들의 지혜를 엿볼 수 있는 것이 바로 '구들장논'이다. '국가농업유산 제1호'로 지정되어 있다. 구들장논은 전통온돌에 쓰이는 널따란 구들장을 논바닥에 깔고 그 위에 흙을 부어 만든 논이다. 다진 흙 위로는 농사에 필요한 만큼 물이 고이고, 남은 물은 아래쪽 논으로 흘러내리도록 만들었다. 다른 지역의 다랑이논(계단식 논)과 모습이 똑같은 것으로 보이지만, 배수로가 위의 논과 아래의 논 사이 언덕에 부엌 아궁이처럼 나 있는 것이 차이점이다. 16세기 말 청산도에 들어온 주민들이 쌀농사를 짓기 위해 이 같은 구들장논을 만들기 시작했다. 흙과 물이 부족한 섬의 환경을 극복하기 위해 슬기롭게 대처한 것이다. 나는 이런 풍경을 보고 '지혜'라는 개념은 바로 생존과 연결될 수 있다는 것을 느끼기도 했다.

지혜는 사물의 이치를 빨리 깨닫고 슬기롭게 처리하는 정신능력이다. 또 옳고 그름을 가려내는 마음의 작용이기도 하다. 그런데 중요한 것은 지식이 인문학을 만나 지혜가 된다고 말한다. 인문학과 어떤 일이 결합이 되어야 효능을 발휘하게 된다는 것. 인문학 정신을 깊게 담고 있는 고전(古典)은 우리 인간의 수천 년 동안 지혜가 고스란히 담겨 있다. 이런 산삼 같은 효능의 인문학적 사고(思考)를 우리 삶에 접목시켜야 한다.

최근 많은 기업이 인문학에 관심을 갖게 된 것도 '지식에 의한 생산'에서 '지혜에 기반을 둔 경영'으로 패러다임이 변화하고 있기 때문이다. 흔히 얘기하는 창조경제도 인문학과 접목하려고 많은 시도를 한다. 창조경제는 인간 친화적이고 참신한 아이디어가 과학기술과 산업경쟁력을 강화하는 요체임을 강조한다. 그래서 인문학에 대한 관심은 창조경제의 핵심과도 연결된다는 것이다. 기존의 사고 방식에 질문을 던지고 새로운 시각을 탐색하는 것은 인문학의 본성이다. 또 인간의 감성에 대한 이해를 기반으로 아이디어를 구성하는 것은 인문학을 떠나서는 생각할 수 없기 때문이다. 인문학은 인간을 중심으로 다각적인 측면에서 그 개념을 정리하고 있다.

세상이 다양하고 복잡해질수록 인간은 근본이치에 대한 깨달음 속에 지혜를 얻으려고 한다. 또한 일상의 소소함이 인문의 정신과 마주할 때 삶은 진정 풍요로워진다고 한다. 조그마한 것도 더욱 진가를 발휘하게 된다. 사소한 일에도 인문적 정신으로 잘 대응해 나가면 지혜로운 방책이 나올 수 있다. 노자는 "어려운 일은 어려워지기 전에 손을 쓰고, 큰일은 커지기 전에 해결해야 한다[도난어기이(圖難於其易), 위대어기세(爲大於其細)]."고 했다. 그래서 천하의 큰일은 반드시 작은 것에서 비롯된다[천하대사(天下大事), 필작어세(必作於細)]."라고 했다. 작은 조짐에도 미리 대처해 나가야 한다. 또 일 처리에는 사려 분별함이 있어야 한다. 지혜란 주제 파악이라고 말하기도 한다. 자신의 분수를 알아야 한다. 그래서 늘 자신을 되돌아볼 수 있도록 성찰하는 태도를 지녀야 한다.

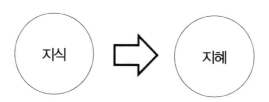

농업환경이 어렵고 또 치열한 생존경쟁의 시대에 살아남기 위해서는 우리에게는 더욱 지혜로움이 필요하다. 변화무쌍한 4차 산업혁명시대에서는 더욱 그렇다. 이 혁명의 핵심은 빅데이터분석, 인공지능, 로봇공학, 사물인터넷, 무인운송수단, 3차원 인쇄, 나노기술과 같은 새로운 기술혁신이다. 이런 변화들은 우리 농업의 미래와 어떻게 관련될 것인가를 한 번쯤 고민도 해보아야 한다. 그게 바로 미래 농업경영에 대처해 나가는 지혜로움이기도 하다. 인문적 사고방식에는 현실과 미래를 늘 동시에 보는 안목을 지녀야 한다. 때로는 뜸부기처럼 땅바닥만 바라다보며 벌레를 잡는가 하면, 때로는 종달새처럼 하늘에서 먼 창공을 바라다보면서 시야를 넓혀나가야 한다. 현실과 미래 이 두 개의 관점은 자신이 하는 일에 더욱 현명한 판단을 가져다줄 것이다.

이처럼 모든 현상에 대해서는 다각적인 관점에서 들여다볼 필요가 있다. 관심과 관찰 그리고 관계정립을 어떻게 지혜롭게 대처해 나가느냐가 중요하다.

(3) 돈에서 사람으로

인문학은 하이터치 산업이라고 말한다. 일명 '마음산업'으로 제5의 산업이라고 한다. 농업, 어업, 임업, 목축업 등의 제1산업, 제조업, 공업 등의 제2산업, 물류, 유통 및 서비스업 등의 제3산업, IT 등 하이테크 중심의 제4산업을 넘어, 이제는 제5산업으로서의 마음산업이 펼쳐지고 있는 것이다. 그것은 '하이테크'의 수준을 넘어선 '하이터치'의 산업이자 고감성, 고부가가치의 산업이다. 시장의 감성화가 가속화되면서 마음산업도 엄청난 규모로 확장되고 있다.

인간사회가 복잡해질수록 겸손하고 따뜻한 마음자세가 가치를 더해 가고 있다.

　문명의 발전이 가속화될수록 잃지 말아야 할 것이 인간 본연의 가치다. 자본주의 핵심은 '자본을 가진 사람이 그렇지 않은 사람보다 우위에 있다'고 말한다. 그래서 자본주의를 붕괴시키는 힘은 고귀한 인간성의 회복이 중요하다는 것이다. 인간 본연의 가치인 일, 사랑, 연대, 공감 의미를 잘 새기고 그 가치를 발휘해 나가야 한다고 주장하고 있다. 만약 그렇게 되어간다면 세상은 더욱 평화롭고 행복한 세상으로 변화해 갈 것이라는 견해이다. 적극 공감한다.

　돈이란 무엇인가? 여기에 대해 곰곰이 생각해 볼 때가 있다. 사실 돈과 인간의 가치를 서로 비교한다는 것은 성립될 수 없는 사항이다. 그런데 사람들은 돈 돈 돈 하고 있다. 이유는 분명하다. 세상을 살아가려면 돈이 없으면 안 된다. 자본주의 시대에 돈은 절대적 가치를 가진다. 돈이 권력이고 매력이다. 그래서 돈은 자유이다. 돈이 있어야 자유로울 수 있다. 부인할 수 없는 사실이다.
　그런데 너무 돈을 목적으로 하면 인생의 다른 소중한 가치들을 놓칠 수가 있다. 돈 주고도 사지 못할 가치들이 너무도 많다. 세계적으로 '정의'에 대해 열풍을 일으켰던 하버드대학교 마이클 샌델 교수는 『돈으로 살 수 없는 것들』에서 오늘날 시장지상주의 사회에서 돈으로 살 수 없는 우정, 사랑, 명예, 시민적 참여 등 인간사회 덕목이 사라져서는 안 된다고 했다. 그는 "도덕은 우리가 세상을 움직이고 싶은 방식을 가리키고, 경제학은 세상이 실제로 작용하는 방식을 가리킨다."고 했다. 결론은 시장논리가 도덕논리로 되어야 하며, '도덕적으로 거래'해야 한다.'[6]고 주장한다. 인간 존엄성과 본연의 가치를 유지하며 참된 삶을 살아가야 한다는 것이다.

흔히들 '돈은 수단이지 목적이 아니다'라고 말한다. 그렇게 말은 쉽게 하면서도 그게 마음대로 되지 않는 것 같다. 돈 때문에 부모와 자녀가 서로 원수가 되기도 한다. 사회적 지위가 있어도 돈 앞에서는 쉽게 무너지는 경우를 본다. 안타까운 일이지만 돈 앞에서는 약해지는 모양이다. 결국 더 많이 가지려는 사람은 가난하고, 더 적게 가지려는 사람은 이미 부자다. 마음이 가난할 때 우리는 단순하게 살 수 있고, 욕심과 집착에서 자유로워진다. 가난이 덕목인 것은 오로지 마음이 가난한 자만이 물질의 덫에서 벗어나 자유로워지는 까닭이다.[7] 우리 시대의 사표로 존경을 받은 법정 스님이 평생에 걸쳐 강조한 것도 '무소유'의 정신이다.

돈의 철학적 의미에 대해 인문학자 고미숙 씨는 이렇게 말하고 있다. "돈이 목적이 되지 않으려면 돈을 어떻게 벌고, 어떻게 쓸 것인가에 대한 서사가 담겨 있어야 한다. 그럼으로써 액수인 돈이 아니라 스스로 어떤 성취를 이루었는지를 말할 수 있어야 한다. 삶의 서사가 없을 때의 돈은 맹목적인 욕망이 되어버리고 만다. 그 결과 자본이 되어 모두를 파멸시키거나, 간신히 살아남는다 해도 주변에 아무도 남아 있지 않게 된다.

사람들이 원하는 것은 딱 두 가지이다. 언제 돈을 벌 수 있는가와

---

6) 마이클 샌델, 『돈으로 살 수 없는 것들』, 안기순 옮김, 와이즈베리, 2012, 132쪽.
7) 장석주, 『아들아, 서른에는 노자를 만나라』, ㈜위즈덤하우스, 2013, 76쪽.

언제 짝을 만날 수 있는가 하는 것이다. 돈과 성욕이 결합된 욕망은 돈을 원하는 마음으로 짝짓기를 원하는 것과 같다. 이렇게 되면 돈이 사랑을 잠식해버린다. 그렇기 때문에 우선 화폐라는 척도를 해체해야 한다.

재물복은 인복이라는 말이 있다. 인복이 있는 사람에게 재물이 온다는 뜻이다. 진정한 성공을 위해서는 돈을 좇기보다 우정과 지성에 더 많은 마음과 노력을 기울여야 한다. 즉 '화폐에너지'에 끌려다녀서는 안 된다.

무엇보다 '사람이 흘러가는 곳에 돈이 흘러가기 마련'이라는 것을 주목해야 한다. 결국 사람을 알고 사람을 이해하면 돈은 자연스럽게 따라온다. 연암 박지원의 소설 『허생전』에 등장하는 허생이 더할 나위 없이 비루하고 가난한 선비임에도 조선의 경제를 들었다 놨다 할 수 있었던 이유는 사람의 동선(*사람이 움직이는 방향)이 어떻게 흘러가는지를 알았기 때문이다."8) 이처럼 궁극적으로 화폐는 축적의 개념이 아니라 움직이는 것이어야 한다는 취지에 크게 공감을 해 본다. 이런 화폐의 운동성에 대해 자각함으로써 화폐의 에너지에 끌려다니지 않고 능동적으로 사용할 수 있어야 한다.

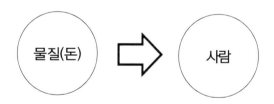

---

8) 고미숙 외, 『나는 누구인가』, 21세기북스, 2016, 57~61쪽(요약).

지금까지 세상의 경제적 강국을 향한 질주는 무한경쟁과 적자생존의 문화를 낳았다. 이 과정에서 우리의 지갑은 조금 두꺼워졌지만 삶은 고단하고 허탈하며 환경은 불안해졌다. 이를테면 자동차가 아무리 빠르더라도 행복하지 않다. 컴퓨터가 아무리 작동이 잘 된다고 해도 행복하지 않다. 일상생활은 편해졌지만 심리적 불안은 더욱 커지고 있는 현상이다. 인문학에 대한 관심은 경쟁과 투쟁의 땅에서 온기를 찾는 갈망이 나타난 것이다. 인간다운 세상을 살아가고 싶은 갈망이기도 하다.

　또 오늘날 세상은 돈과 권력 등 물질적 가치와 이기심이 만연되어 인간적 가치를 떠받쳐주는 인문학적 공부가 필요한 것이다. 기계문명의 발달과 정비례하여 점점 땅에 떨어지고 있는 인간성 함양을 위해서는 명심보감 같은 책이 어느 때보다도 절실히 요구되고 있다. 시인 장석주 씨는 『아들아, 서른에서 노자를 만나라』에서 "인생에서 정말 중요한 것은 재물을 많이 쌓는 것이 아니라 생명을 북돋는 일, 활기차게 사는 것, 보람과 가치를 추구하는 영혼의 점진적인 진화다."9)라고 했다.

　앞으로 사랑과 우정 그리고 함께 화합할 수 있는 정신적 가치 충족이 필요하다. 세월이 흐를수록 행복을 위한 대화와 돌봄의 따뜻한 시선이 필요하다. 진정한 존경을 받으려면 인문적 정신으로 폭넓은 교양을 쌓아야 한다. 그래야 우리 사회가 풍요로워질 수 있다. 이처럼 인문학은 일상의 삶에 깊숙이 밀착되어야 할 시기에 놓여 있다.

---

9) 장석주, 『아들아, 서른에는 노자를 만나라』, ㈜위즈덤하우스, 2013, 77쪽.

3. 농업은 생명인문학

'농(農)이란 무엇일까?'에 대해 어느 혹자는 한순간의 망설임도 없이 "우리 민족의 주치의"라고 정의하였다. 좋은 음식으로 신체건강을 책임지고, 철마다 다른 경치로 정신건강을 책임지기 때문이라는 것이다. 그래서 농업을 생명산업이라고 말한다.

고대에는 생활필수재가 화폐로 이용되었다. 동양에서는 주로 쌀이, 서양에서는 밀이 화폐수단으로 이용되었다. 경제학자 박정호 교수는 원시화폐는 재화가 가진 본연의 가치에 의존했다는 의미에서 다음과 같이 말한다. "기원전 5000년경, 토기들을 살펴보면 밀이나 쌀이 시장에서의 상품교환에 사용되는 장면이 묘사되어 있다고 했다. 소금도 마찬가지로 화폐로 이용되었다. 그래서 원시화폐는 재화가 가진 본연의 가치에 의존했다. 국가에서 화폐로서의 고유한 권한을 주지 않았어도 자연 발생적으로 그렇게 된 것이다."[10] 이는 농업인들이 곡물을 재배한다는 것은 곧 화폐를 공급한다는 의미이기도 하다. 결국 농사가 제대로 되지 않으면 통용되어야 할 화폐가 우리 사회에 공급되지 못해 원활한 경제활동이 이루어지지 못한다는 뜻이기도 하다. 욕심 많은 왕이나 귀족계급들은 조폐공사 역할을 하는 토지를 장악하려고 온갖 수단을 발휘했던 것이다.

이처럼 곡물은 식량 이상의 경제적 의미를 지니기도 했다. 인간 고유의 가장 중요한 수요품목은 곡물이다. 그 밖의 것은 문화의 발전으로 생성된 물품이다. 농업의 가장 큰 가치는 바로 생명산업이라고 말한다. 곡물은 인간에게 가장 큰 생활필수품이다. 삶에는 근본이

---

10) 박정회 외, 『경제학자의 인문학 서재』, 한빛비즈, 2012, 111쪽.

가장 중요하다. 아무리 급하고 바쁘더라도 인간에게 가장 소중한 농업이란 산업을 소홀히 해서는 안 된다. 그래서 농업을 인류의 근본 산업이라고 '농자천하지대본(農者天下之大本)'이라고 하였다.

인생 최고의 자세는 끊임없이 생명력을 일으키는 것이라고 말한다. '군자는 스스로 힘쓰고 쉬지 않는다[군자이자강불식(君子以自强不息)].'라고 말한다. 이 생명력은 자연과 더불어 함께해야 왕성하게 생성될 것이다. 우주의 기운은 대자연 속에 들어가야 심호흡으로 마음껏 들이마시게 된다. 인문학자 김승호 씨는 "하늘의 기운은 모든 가치를 넘어선다. 몸이 살아 있는 동안 영혼의 기운을 한없이 키워야 한다. 하늘은 영원하기에, 우리도 이 기운과 합일하여 영원한 존재가 되어야 한다. 이것이 주역에서 배울 제1덕목인 것이다."[11]라고 했다. 또 그는 "영웅들은 하늘로부터 받은 기운이 넘칠 뿐만 아니라 끊임없이 기운을 만든다."고 말했다.

이어령 박사는 앞으로 생명자본주의 시대가 도래할 것이라고 주장했다. 이는 생명이 생산과 창조의 근간이 되는 자본주의를 말한다. 지금까지의 자본주의가 삶의 수단을 얻기 위했다면, 생명자본주의는 삶의 목적, 즉 행복을 추구한다는 것이다. 그는 의료·교육·문화·양육같이 생명을 키워내는 데 투자해야 한다며, 생명자본주의에선 물품이 아니라 공감과 감동이 상품이 된다고 말했다. 농업이 어떻게 생명자본주의 정신에 근거해 어떤 방식으로 새로운 가치를 창출해 낼 수 있을지는 많은 인문학적 상상력과 치열한 고민이 필요하다. 농업이 생명자본주의 대열에서 힘차게 나아가기 위해서는

---

11) 김승호, 『주역 인문학』, 다산북스, 2015, 116쪽.

튼튼한 생산력을 바탕으로 해서 창조의 영역인 농업 6차 산업화대열로 나아가야 할 것이다.

남이섬 관광지는 생명자본주의를 잘 표방해 성공한 케이스라고 말할 수 있다. 보잘것없는 섬에 주인은 나무를 심고 꽃을 가꾸었기 때문에 자연주의 섬으로 거듭 태어나게 되었다. 아름드리 크기의 메타세쿼이아는 거대한 숲을 이루며 웅장한 모습을 보여주고 있다. 영화 '겨울연가'의 촬영지로 더욱 유명세를 떨쳐 많은 사랑을 받아오고 있다. 이것을 보면 예전엔 나무를 베어야 자본이라고 했지만 오늘날에는 나무를 잘 키우기만 해도 훌륭한 관광자본이 되는 시대다. 자연을 열심히 가꾸어야 한다.

경남 함양에 가면 천년 묵은 거목들이 울창한 숲을 이루는 상림공원이 있다. 신라 시대 최치원 선생께서 이곳에 태수로 재임할 때 나무를 심어 만든 인공 숲이다. 식수도 부족하고 비가 많이 오면 홍수가 잦아 약 1천1백여 년 전 수만 그루의 나무를 조림하였다. 그 나무들이 유구한 세월 속에 성장해 지금은 우람한 자태로 늠름한 모습을 보여주고 있다. 함양군의 상수원 역할을 하고 있다. 숲속에는 유유히 맑은 물이 흐르고 있다. 저절로 힐링이 되는 기분이다. 상림공원은 현재 천연기념물로 지정되어 많은 사람의 사랑을 받고 있다. 2017년 연초, 나는 함양군 농업인들에게 강의하러 갔을 때 보름 동안 함양에 머물면서 매일 저녁 이곳에 산책을 나오기도 했다. 참으로 훌륭한 산림공원이라는 것을 느꼈다. 이게 바로 생명자본이라고 생각한다.

농업은 자연이다. 농사를 짓는 자체가 대자연의 숲을 이루는 것이다. 자연은 생명자본시대를 이끌어가는 첨병역할을 하고 있다. 일반 물질은 생명력이 죽어 있다. 가치가 확대 생산될 수 없다. 하지만 자연은 시간이 갈수록 생명력이 더욱 강화되어 그 가치를 발휘하게 된다. 우리 농업도 더욱 발전된다면 생명자본시대를 이끌어갈 향도 역할을 톡톡히 하게 될 것이다. 이를 보면 농작물 한 그루나 나무 한 포기가 인류에 공헌하고 있음을 느껴본다. 우리 농업에 생명인문학적 가치를 부여하도록 농작물 가꾸기에 더욱 애정을 가져보자.

4. '생각경영'의 틀

2015년 2월, 나는 그리스 아테네 도시를 방문했다. 성지순례에 목적을 두고 떠난 여행이었는데, 한편으로 인문학적 소양을 넓히는 데 많은 도움이 되었다. 그때 아테네의 아크로폴리스 언덕에 소크라테스가 재판장에서 독배를 들기 전, 한 달 동안 갇혀 있었던 감옥 현장을 방문하기도 했다. 소크라테스라고 하면 사색의 철학가이다. 제자인 플라톤에게 사색하는 법을 가르친 사람이다. 플라톤의 모든 철학적 사고는 소크라테스에게서 나왔다고 말한다. 플라톤은 서양철학 2500년 역사의 정점에 있는 인물이라고 말한다. 세계 최초의 고등교육 기관인 '아카데메이아'를 아테네에 세운 장본인이기도 하다. 하지만 플라톤은 소크라테스의 주석에 불과하다는 말을 한다.

소크라테스는 길을 가다가도 사색에 빠지면 꼼짝도 안 하고 서서 사색의 세계로 침잠했다고 한다. 진정한 사색의 태도를 지니려면

'거경궁리(居敬窮理)'의 자세를 취하라고 말한다. 거경궁리란 사람과 사물을 지극히 공손하고 경건한 마음으로 대하는 상태인 경(敬)에 거(居)하면서 궁리, 즉 사색하는 것이다. 무슨 일을 하더라도 생각을 많이 해야 한다. 생각의 깊이가 곧 생각의 높이가 된다는 것을 알아야 한다. 생각의 씨앗이란 일상 속에서 자신에게 던지는 질문이며, 이에 대한 해답을 찾아가는 과정에서 마음이 성장하게 된다. 사고가 깊어지면 지식과 지식을 연결하는 힘이 생겨 통찰력이 생기게 된다. 통찰력은 곧 본질을 보는 능력이라고 말한다. 핵심을 간파하는 것이다.

세계 최고의 전자기기, 소프트웨어 회사 애플의 창립자인 스티브 잡스는 21세기 혁신의 아이콘으로 일컫고 있다. IT제품개발에 인문학 접목을 강조한 그의 경영철학은 한때 세계적 관심사가 됐다.

그가 인문학을 접한 계기는 전자공학과 창작의 교차점에 서 있는 자신을 발견하면서부터다. 그래서 과학 서적이 아닌 시나 소설 등 다른 분야 책들을 읽기 시작했고 음악도 즐겨 들었다. 대학에서는 실용성하고 담을 쌓은 철학을 공부하다 한 학기 만에 중퇴한다. 주된 이유는 부모에게 가해질 경제적 압박에 대한 걱정 때문이었다고 말한다. 그다음 오리건 주 올인원 팜이라는 사과농장에서 공동체 생활을 하다 그곳에 기거하던 일본 승려를 만나 선불교에 입문했다.

그 후 비디오게임 제조회사 등을 전전하다 스티브 워즈니악이라는 동료와 함께 차고 한편에서 애플이라는 회사를 설립한다. 그리고 1976년 최초의 개인용 컴퓨터의 하나인 애플 I 을 세상에 내놓으면서 PC시대를 열었다. 애플이라는 회사명이나 애플제품의 단순한 디자인 등은 사과농장이나 선불교와 관계가 있다. 아무튼 그가 창안하고 개발한 제품은 인간 본성을 바탕에 둔 인문학적 사고에서 탄생했다고 전해지고 있다.

올바른 생각을 하려면 마음이 바로 서야 한다. 마음이 깨어나야 생각이 깨어나고, 마음이 깊어져야 생각이 깊어질 것이다. 결국 마음이 위대해져야 생각이 위대해진다는 얘기다.

나는 몇 년 전, 좀 더 올바르게 깊은 생각을 하지 못해 큰 실수를 저지르기도 했다. 새로 주택을 구매하는 과정에 있어서 너무 성급한 결정으로 문제가 꼬여 한때 어려움을 겪기도 했다. 재건축이라는 장밋빛 청사진만 보고 부동산 매매계약을 했다. 당시 부족한 구매대금을 조달하기 위해 어느 은행에서 자문을 받아보았다. 그 결과, 내가 필요한 금액에 대한 대출이 가능하다는 얘기를 듣고 나왔다.

그 후 부동산구매를 계약 후 대출 관련 서류를 준비해 그 은행에 가서 대출을 정식으로 의뢰하였다. 막상 나에게 돌아온 답변은 신청만큼의 금액이 융자가 가능하지 않다는 결론이었다. 문제는 담보물건에 대한 감정가의 차이였다. 하는 수 없이 부동산 구매를 포기하고 말았다. 계약 포기의 대가로 상당한 금전적 손실을 감수해야만 했다. 결론은 내 생각과 은행 측 판단이 상호 간에 서로 좀 소홀한 면이 있었다는 것을 인정하지 않을 수 없었다. 하나의 사안을 두고 무엇을 결정할 때는 다방면으로 신중한 검토가 필요하다는 것을 절실히 깨닫게 된 교훈적 사례였다. 대충 어떻게 잘 될 것이라는 막연한 생각을 갖고 임하다보면 실수를 연발하게 된다. 현실에는 항상 예기치 못한 장벽이 어느 곳이나 있게 마련이다.

요즘 누구나 바쁜 세상에 살고 있듯이 느껴진다. 이럴수록 정신을 바짝 차려야 한다. 좀 유유자적한 가운데 깊이 생각하는 태도를 가져야 한다. 그게 고요한 가운데 어떤 움직임이 있다는 '정중동(靜中動)'이다. 한 번 방향을 잘못 틀면 제자리로 돌아오는데 시간적 경제적 손실이 크지 않을 수 없다. 산책을 하면서 깊은 사유에 잠겨보는 것도 생각하는 삶에 많은 보탬이 될 것이다. 보행의 한자 보(步)는 머물 지(止) 두 개가 위아래로 겹쳐진 글자다. 그러니 보행은 머무르기 위한 행위이며 사유를 뜻하는 의미가 내포되어 있다고 생각해볼 수 있다.

천천히 깊이 생각하는 습관을 길러야 한다는 의미에서 광고인 박웅현 씨는 이렇게 얘기하고 있다. "요즘 같은 시대에는 특히 욕심을 부려서 볼 필요가 없습니다. 이미 우리의 삶은 미친개한테 쫓기듯 정신없이 돌아가고 있으니까요. 도망가느라, 뛰느라 주변을 돌아볼 여유가 전혀 없죠. 그런데 조금만 생각해보면 쫓길 이유가 전혀 없습니다. 그저 우리의 삶, 나의 삶을 살면 되니까요. 호학심사(好學深思), 즐거이 배우고 깊이 생각하라. 이 말에서 더욱 깊이 새겨야 할 것은 심사(深思)입니다. 너무 많이 보려 하지 말고, 본 것들을 소화하려고 노력했으면 합니다. 피천득 선생이 딸에게 이른 말처럼 천천히 먹고, 천천히 걷고, 천천히 말하는 삶, 어느 책에서 '참된 지혜는 모든 것들을 다 해보는 데서 오는 게 아니라 개별적인 것들의 본질을 이해하려고 끝까지 탐구하면서 생겨나는 것이다'라는 문장을 읽었습니다. 이게 지금의 우리에게 정말 필요한 것 같습니다. 이렇게 되면 길거리의 풀 한 포기에서 우주를 발견하고, 아무 생각 없이 먹는 간장게장에서 새로운 세상을 얻을 수 있습니다.

깊이 들여다본 순간들이 모여 찬란한 삶을 만들어낸 것입니다."[12)

좋은 생각을 하기 위해서는 항상 본질이 무엇인가를 먼저 생각해야 한다. 또 바른길은 어느 방향인가를 가늠해 보아야 한다. 생각을 어떻게 하느냐에 따라 인생의 방향이 달라진다. 민족의 지도자이신 함석헌 선생은 "생각하는 백성이라야 산다."고 했다. 우리의 생각이 얼마나 중요한가를 말해주고 있다. 뭔가에 대한 진실한 생각은 끊임없이 새로운 에너지를 생성하게 된다. 모든 일은 생각으로부터 시작된다. 아무리 바쁘더라도 깊이 들여다보는 태도를 지니면 삶은 보다 진지해질 수 있다. 그게 어쩌면 인문학 사고의 첫걸음이라고 말할 수 있을 것이다.

5. 인문적 농업정신의 길

나는 인문학자 이어령 박사가 쓴 책을 선호하는 편이다. 그래서 나의 서재에는 그가 쓴 책들이 많이 꽂혀 있다. 그는 시대의 변화를 먼저 읽고 울림이 있는 메시지를 많이 던지고 있다. 무엇보다 우리 민족의 고유성과 전통문화, 생명자본주의 등에 남다른 시각으로 많은 글을 남기었다. 그가 저술한 책을 읽다보면 감동이 되는 느낌을 종종 가질 때가 있다.

그는 한결같이 생각의 중요성을 강조하고 있다. 그는 이렇게 말한다. "농경사회란 무엇인가? 땅을 약 30cm 정도 파서 씨앗을

---

12) 박웅현, 『여덟 단어』, 북하우스, 2013, 126쪽.

뿌려 먹고 살아가던 시대라고 할 수 있다. 그렇다면 산업사회는 무엇인가? 땅을 300m 정도 파서 석탄이나 광석을 캐 기계를 만들어 산 시대라고 할 수 있다. 정보지식사회에서는 무엇을 파는가? 사이버스페이스(Cyberspace; 현실세계가 아닌 컴퓨터, 인터넷 등으로 만들어진 가상의 공간)는 땅이 아니다. 그것은 우리의 뇌와 마음속에 있다. 미래의 자원은 땅속에 들어 있는 것이 아니라 바로 우리의 가슴과 머리에 들어 있다. 그것이 바로 나라와 세계를 풍요롭게 하는 문화적 자원이다. 한국에는 지하자원이 없다고 하지만 문화의 시대에 오면 일본이나 미국보다도 풍부한 문화자원이 있다." 이처럼 무한한 지하자원은 우리 민족의 가슴과 머릿속에 담겨 있다고 그는 강조하고 있다. 미래를 내다보는 통찰력, 풍성한 상상력, 의기에 찬 자신감 그리고 할 수 있다는 가능성 등의 금맥은 우리의 가슴과 두뇌 속에 도도히 흐르고 있다는 것이다. 우리는 이것을 끄집어내어 발현시켜 나가야 한다.

인문학은 답을 주지 않는다고 말한다. 스스로 찾고 대답하는 힘이라고 얘기한다. 스스로 생각하면서 지혜를 얻어 실천의 삶을 살아가자는 것이다. 우리 스스로 주체적인 삶이 되도록 노력해 나가야 한다. 노자 『도덕경』(37장)에 이런 얘기가 나온다. "멋대로 하라, 그러면 안 되는 일이 없다[무위이무불위(無爲而無不爲)]'이다. 이는 곧 '애써 무엇을 하려고 하지 않지만, 그럼에도 불구하고 이루어지지 않는 것이 없다'라는 의미다. 무슨 일이든 때가 되면 자연법칙에 따라 생성시켜 나가게 된다는 것인데, 여기에는 피, 땀, 눈물이 녹아 있어야 함은 당연할 것이다.

이런 얘기가 있다. "세계적 화가 피카소의 아버지는 그림에 재능이 있는 아들에게 1년간 비둘기 다리만 그리라고 지시했다. 피카소는 아버지 말을 충실히 이행한다. 그러다 보니 비둘기 다리가 50종류가 넘는다는 사실을 발견한다. 관찰력이 달라진 것이다. 남들이 보지 못한 것을 보면 경쟁할 필요가 없다. 우리가 살기 힘든 것, 경쟁해야만 먹고 살 수 있는 것은 남들이 보는 것 이상을 볼 수 없기 때문이다. 관찰력이 달라지면 사는 게 달라질 수 있다."13) 그래서 관찰력을 길러야 된다는 것이다. 인류의 지혜가 녹아 있는 인문학을 통해서 새로운 관점을 찾아보자는 것이다.

인문학은 현상을 다양하게 보는 관점을 제공해 주고 있다. 폭넓게 바라보는 관점은 깊은 사고와 창의적인 생각을 촉발시킨다. 이는 곧 사물에 대한 통찰력과 혜안을 지니게 해 준다. 하나의 사물이나 현상이라도 깊고 넓게 바라다볼 수 있다면 자연적 긴 안목을 갖게 만든다. 더불어 주체적인 가치관이 더욱 고양될 수 있을 것이다. 그래서 인문학의 창을 통해 세상을 보는 안목을 길러보자는 것이다. 멀리 내다보는 통찰력이 필요하다. 농사도 끊임없이 생각하면서 자신만의 철학을 가져야 한다. 보다 깊고 넓은 혜안이 있어야 경영을 제대로 해 나갈 수 있다.

농업경쟁력을 갖기 위해 그 본질이 무엇인가를 다시금 생각해보자. 농업과 인간과 관련된 이치들을 더욱 깊이 파고들어 가보자. 인간의 속성과 본질을 제대로 이해할 수 있는 통로가 바로 인문학

---

13) 한근태, 『한근태의 재정의 사전』, 클라우드나인, 2018, 49쪽.

공부이다. 오늘날 농촌이 어렵고 힘들수록 인간의 내면적 특성을 이해하도록 노력해야 한다. 인간의 가치와 본성에 대한 인문학적 이해와 통찰력을 활용하여 경쟁력을 업그레이드하고 소비자에게 새로운 가치를 제공해야 한다. 세상은 변해도 성공의 핵심은 사람과 고객이라는 것은 변하지 않는다. 소비자인 사람은 금전적 대가를 치르고 농산물을 구매하게 된다. 우리는 그 소비자들의 마음을 제대로 이해해야 한다. 그들의 욕구와 바람이 진정 무엇인지를 이해하도록 노력해야 한다. 그래야만 농업경쟁력이 업그레이드되고 소비자에게 새로운 가치를 제공하게 된다. 그래서 농업을 잘 경영해 나가려면 보다 깊은 소비자 중심의 인문정신을 돈독히 지녀야 한다. 인문학의 핵심개념은 인간 사랑이 그 바탕을 이루고 있다고 생각해볼 수 있다.

인문학에 계속 관심을 갖다보면 남들이 보지 못하는 것을 볼 수 있을 것이다. 정도(正道)를 가리키는 인문학의 가르침을 농업경영에 활용해서 농가소득을 증대시켜보자. 미래 지향적인 농업으로 나아가기 위해서는 인류의 지혜가 녹아 있는 훌륭한 고전(古典)의 정신을 접목시켜 보자는 것이다. 오랜 역사 속에서 축적된 고전에서 인간의 본질과 특성에 대한 이해와 지혜를 얻을 수 있다. 그러면 좀 더 긴 안목과 사고의 폭이 넓어질 수 있을 것이다. 고전에 실려 내려오는 내용들은 수천 년 동안 싸워서 역사에서 살아남은 지식이다. 철학적 깨달음, 역사적 교훈, 문학적 감성, 심리적 통찰, 예술적 아름다움 등의 요인을 농업경영에 접목하면 보다 새로운 가치관이 형성될 수도 있다. 그게 변화의 단초가 될 수 있다.

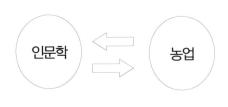

우리는 농업과 인문학 관계를 상호 교차하는 시각에서 볼 필요가 있다. '농업을 인문학 관점'에서 보고, '인문학적 관점에서 농업'을 바라보자는 것이다. 전자는 '농업이 인간과 인간 자체의 삶에 어떻게 해석되는가에 대한 물음을 던지는 것'이고, 후자는 '인문학의 총체적이고 포괄적인 시야 속에 농업에 대한 관계와 맥락의 모습을 어떻게 드러내느냐'라고 생각해볼 수 있다. 그런 양방향의 시각에서 음미해보면 많은 의미가 와 닿을 수 있을 것이다.

산삼의 효능을 지닌 인문고전의 지혜를 농업경영에 활용해 보자. 인류 최고의 지성과 농업을 접속하면 보다 지혜로운 방법도 탄생할 수 있을 것이다. 공부는 역시 이 세상이 수많은 비밀, 수많은 지혜를 아주 짧은 시간에 섭렵할 수 있는 가장 유용하고 확실한 방법이라고 말한다. 공부를 통해 세상의 많은 지혜를 익히고, 숨어 있는 기회들을 발견해가는 것은 결국 내 삶을 더욱 풍성하게 만드는 일이다. 경쟁력 있는 농업을 수행하기 위해서는 숨어서 잠자고 있는 고전의 지혜를 잘 활용해야 한다.

입지(立志), 확고한 뜻을 세우라

지금은 글로벌 경쟁시대이다. 생존하기 위해서는 지구촌을 상대로 치열한 경제적 전투를 벌여야 한다. 그야말로 전쟁을 치르는 생존전략을 펼쳐야 한다. 이순신 장군이 말했던 것처럼 '필사즉생(必

死即生) 필생즉사(必生即死)'의 각오를 다져야 한다. 그래야 생존할 수 있고 삶의 질이 업그레이드될 수 있다.

이제 우리의 기준을 확실히 세계로 옮겨 놓아야 한다. 세계적인 경쟁력이 없으면 자연적으로 도태되게 된다. 비교기준이 대한민국에서가 아니라 세계가 되었다. 농업의 경우 캘리포니아 오렌지, 뉴질랜드 키위보다도 우리 제주 감귤이 더 품질과 맛이 좋아야 소비자가 구매하게 된다. 동정심과 애국심에 호소할 수도 없다. 한민족으로써 동지애(愛)를 갖자는 건 옛말이다.

나는 도시소비자에게 강의할 때 '우리 농산물 애용의 중요성'에 대해 목이 터지라고 외쳐 대지만 한쪽에서는 '웃기고 있네~' 하고 흉을 볼 수도 있다. 이런 애국적 소비의 호소에는 분명 한계가 있다. 민족적 연대감으로 운운 대는 마케팅은 이제는 낡은 시스템이 되고 있다. 오늘날 소비자는 국적을 별로 따지지 않는다. 길거리의 외제차는 하루가 다르게 늘어나고 있다. 세상이 바뀌고 있다. 오로지 가치를 기준으로 여기고 있다. 단연코 품질과 가격으로 승부를 걸어야 된다. 시대적 운명이다. 거기에서 헤쳐 나갈 방법을 찾아야 한다.

제주도는 감귤 주산지이다. 농가소득 대부분을 감귤이 차지하고 있다. 농업인들은 치열한 생존경쟁의 개방화 시대를 절감하고 마음의 변화와 각오를 하고 있다. 나는 제주도에서 주관하는 '농업인 성공대학'에 몇 년에 걸쳐 강의를 다녔다. 그런데 어느 면사무소 입구 앞에 '제주감귤 당도 1브릭스 올리기 운동'이라는 문구가 적힌 플래카드가 걸려 있는 것을 보았다. 감귤 당도 1도를 대수롭지 않게 여길 수도 있겠지만 제주도에서는 그렇지 않았다. 그야말로 당도 1도에 운명이 걸려 있다는 절박함을 갖고 이 운동을 전개하고 있다는 것을 알았다. 다시 얘기하면 소비자의 입맛은 귀신이기 때문에 미세한 맛의 차이에서 밀리면 패배라는 것이다.

그래서 제주 농업인들은 감귤품질향상운동을 마치 전투처럼 전개해 나가고 있다. 감귤 밭 현장을 가보니 검은 멀칭의 타이페놀이 모두 깔려 있었다. 감귤나무의 아래쪽에 달려 있는 감귤에 햇볕을 반사하기 위해서다. 감귤나무의 영양가를 보충하기 위해 PEM 효소처리를 하는 것도 자주 보았다. 심지어 감귤밭에 바닷물을 수조차로 가져다 뿌리는 것도 보았다. 바닷물에 함유된 미네랄을 이용하기 위해서이다. 또 어떤 밭에 가보니 몇 년 지난 감귤나무를 포클레인으로 뿌리째 들어올려 다시 심는 것을 보았다. 이 작업은 감귤나무가 수분을 많이 흡수하는 것을 방지하기 위한 것이다. 그래야 당도가 올라가기 때문이다. 최고품질의 감귤을 생산하기 위해 온갖 방법을 다 동원한다는 것이다. 사력을 다하는 모습에 응원의 박수를 보내고 싶었다.

이런 피땀 어린 노력의 결과로 큰 성과를 이루고 있다. 품질이 날로 향상되고 있기 때문이다. 2017년 12월, 제주도 감귤농장에서 품질 좋은 감귤 하나를 맛보았는데 입안에서 살살 녹을 정도로 감미로움을 느낄 수 있었다. 천혜향, 레드향, 황금향 등 신품종도 끊임없이 개발하여 육성해 나가고 있다. 더욱 경쟁력 있는 제주 감귤의 아성을 지키기 위해 분투하고 있다. 이제 '제주 감귤 출하 1조원 시대'를 맞이하려는 희망에 부풀어 있다. 세상일은 뭉뚱그려서 보면 답이 나오지 않는다. 쪼개고 쪼개서 현상을 세밀히 분석해 보면 해결할 방안이 나오게 된다는 것을 보여주고 있다.

율곡 이이 선생은 『격몽요결』에서 '뜻을 확실히 세우라'는 것을 강조하고 있다. 무슨 일이든 굳건한 뜻을 세우는 일이 가장 먼저[선수입지(先須立志)]라고 했다. 확고한 뜻이 없다면 실천하는 행동도 약해질 수밖에 없다. 꿈을 이루려는 투철한 이유는 강력한 행동을 낳게 된다. 곧 위대해지려고 각오한 사람만이 위인이 될 수 있고, 부자가 되려고 뜻을 세운 사람만이 부자가 될 수 있다는 것이다. 그러면서 율곡 선생은 "자기 의지를 분명히 세우고, 아는 것을 분명히 하며, 행실을 독실하게 하는 것은 모두 내게 책임이 있다[지지입(志之立), 지지명(知之明), 행지독(行之篤), 개재아이(皆在我耳)]."14)라고 했다. 모든 게 다 자기 자신에게 달려있다는 것이다.

유대인들은 어린 시절부터 '꿈과 인문학'에 대한 공부를 한다고 말한다. 그들에게 인문학이라 함은 주로 구약성경과 유대교의 경전인 '탈무드'를 예로 든다. 이를 통해 그들은 자신들이 나아갈 길을 찾게 된다. 소크라테스는 "너 자신을 알라"고 했다. 하지만 자신을 안다는 것은 참으로 어려운 문제가 될 수 있다. 이를 나름대로 해석해본다면 자신의 위치를 파악하고 사명감을 가지라는 것으로 풀이해볼 수 있다. 그렇다면 나 자신에 대해 조용히 물음표를 던져보자. 그래 잠시 깊은 침잠에 잠겨보자. 묵상을 해보면 자신을 성찰해볼 시간을 갖게 될 것이다.

『논어』의 「팔일」 편에 '회사후소(繪事後素)'라는 말이 있다. 즉 그림을 그리기 전에 깨끗한 흰 바탕을 만들어놓지 않으면 어떤 그림을 그리더라도 절대로 아름다운 그림이 나올 수 없다는 의미다.

---

14) 율곡 이이, 『격몽요결』, 정후수 역, 사단법인 올재, 2013, 25쪽.

새로운 변화를 하려면 원점에서 새롭게 출발하라는 얘기다. 우리 농업경영도 환경변화에 따라서 '회사후소'의 차원에서 새롭게 그림을 그려볼 수 있어야 한다.

무슨 일을 하든지 나름대로 고집이 있어야 한다. 목표를 지향하는 이런 선한 고집을 나는 자신만의 철학이라고 말하고 싶다. 세상일이 그냥 이루어지는 법은 없다. 농사도 마찬가지다. 오늘날 성공한 농업인들을 보면 우여곡절의 어려운 고비를 넘겨서 우뚝 서고 있음을 알 수 있다.

나는 인문고전과 관련된 책을 수시로 읽고 있지만 '삶'이라는 것이 성인(聖人)에게도 쉽지 않다는 것을 느끼고 있다. 세상사의 이치에 통달한 성인으로 여겨지는 공자도 인생 후반부는 나그네를 뛰어 넘어 '상갓집의 개(상가지구喪家之狗)'로 살았다. 50대 중반부터 60대 후반까지 14년 동안을 이리저리 떠돌아다니는 낭인으로 살았던 것이 공자의 팔자다. 이 기간에 죽을 고비를 4번이나 넘겨야 했고, 그날그날 끼닛거리와 잠자리를 걱정해야 하였고, 강도에게 포위되어 열흘 이상 굶주리는 상황도 있었다고 한다.

다산 정약용 선생은 18년이 넘는 유배지 생활 동안 '목민심서'를 비롯해 500권이나 되는 책을 지었다. 추사 김정희는 제주도 유배지에서 대작인 '세한도'를 그렸다. 이와 같이 명저들은 오기로 영혼을 불태운 것이다. 환경이 어려울수록 오기가 더욱 작동해야 한다. 그래야 훌륭한 인생의 작품을 만들어갈 수 있다. 힘들고 어렵다고 신세를 한탄할 것이 아니라 내가 서 있는 자리에서 무엇을 해야 할까를 고민해야 한다. 우선 확고한 뜻을 세워야 한다.

본격적인 자유무역 경쟁의 새로운 시대를 맞이하여 우리 농업은 새롭게 태어나야 한다는 굳건한 각오를 해보자. 기존 관행의 껍질을 벗어 던져야 한다. 그래야만 한층 더 업그레이드될 수 있다. 번데기가 나비로 변화되듯이 말이다. 이는 스스로 깊은 마음속에서 우러나오는 내면의 에너지가 솟아나야 한다. 마치 심연에서 맑은 물이 용솟아 넘치듯이 말이다. 그게 바로 획기적인 변화의 태도이다. 끊임없이 추구해 나가면 언젠가는 자신의 꿈이 이루어질 것이다.

6. 인문학과 농업경영의 결합

오늘날 많은 사람이 인문학을 경영의 돌파구로 인식하고 있다. 결국 세상은 인간이 만들어가기 때문이다. 회사를 세우는 이도, 회사를 이끄는 이도, 회사에서 일하는 이도, 회사의 고객이 되는 이도 인간이다. 그래서 경영은 곧 인간이라고 말한다. 중요한 것은 경영과 인문학의 접목은 상호 간 지식의 접목이 아니라, 관점의 접목이라는 것이다. 그러므로 인문학의 가치와 인간의 본질을 이해하려는 노력이 선행되어야 한다.

삼성을 창업한 이병철 회장은 "가장 감명을 받은 책 혹은 좌우에 두는 책을 들라면 나는 서슴지 않고 '논어'이다."라고 말한다. 논어의 가르침을 삼성그룹 경영에 접목시켜 나가고 있다는 얘기다. '논어'에 담겨 있는 지혜가 세계기업으로 나아가는 토대가 된 셈이다. 삼성에서 '인재경영'을 모토로 한 것도 논어에서 말하는 '사람 중심'의 경영이념에서 비롯된 것이라고 짐작해볼 수 있다. 그게 바로 인문학적 가치와 경영의 접목이다. 한때 스위스 다보스포럼에서 세계 리더들이 셰익스피어 리더십을 접목해보자는 얘기도 있었다. 이런 인문학적 가치와 경영의 접목 사례는 수없이 많을 수 있다.

그렇다. 인문학을 배우는 주요 핵심은 일의 결합에 있다는 것에 의미를 두어야 한다. 인문학은 배움을 넘어 활용할 수 있어야 한다. 인문학을 위한 인문학이 아니라 나를 위한 인문학이 되어야 한다. 인문학이라고 해서 고매하고 아주 고귀한 지식이라기보다는 실천의 학문이 되어야 한다는 취지다. 일상의 삶에 응용하는 실용인문학이 되어야 한다. 인문학의 범위를 우리의 실생활에 접근시켜 생각해보면 얻게 되는 답도 더욱 명확해질 수 있을 것이다.

우리 인간에게 근원적인 역할을 하고 있는 인문학은 어느 분야에나 접목되어도 그 가치가 높아지게 될 것이다. 하나의 지식을 배우더라도 그것을 우리의 삶과 어떻게 연계시켜볼까를 생각해보자는 것이다. 세종대왕처럼 하는 일 자체가 세상을 변화시키면 그게 바로 인문학이 추구하는 최고의 지혜가 된다. 우리가 하고 있는 일과 인문학적 관점을 결합시켜 나가도록 노력해야 한다. 무엇보다 재화의 가치를 높일 수 있도록 비즈니스에 접목해야 한다. 그래서 인문학의 중요성은 부가가치를 창출하는 일의 결합에 있다고 말한다.

인문학·과학·예술을 접목하는 의도의 가치에 대해 인문학자 서울대 배철현 교수는 이렇게 얘기하고 있다. "1920년대 영국의 과학자이자 소설가인 C.P. Snow는 '두 개의 문화'란 책을 썼다. 그는 옥스퍼드대의 셰익스피어 전문가와 대화가 안 통하는 데 큰 충격을 받았다. 자신은 햄릿에 대해 잘 모르고 셰익스피어 전문가는 미적분에 대해 잘 몰랐기 때문이다. 이렇게 가면 영국은 망한다는 위기감을 갖고 Snow는 이 책을 썼다. 한국이 다음 단계로 도약하려면 예술·인문학·과학에 두루 능통한 통섭형 인재가 많이 나와야 한다."15)

이처럼 오늘날 경쟁력을 가지려면 통섭형 인간이 되어야 한다. 한 방면만 깊숙이 알아서는 한계가 있다는 얘기다. 경쟁력을 가지려면 다방면의 사고로 접점을 찾아가는 인문적 지혜가 필요하다.

농업선진국의 인문학적 두뇌결합

오늘날 선진농업국가로 일컫고 있는 나라들을 보면 그들은 도약하기 위해 자신들의 두뇌회로를 인문학적 사고방식으로 바꾸어 나가고 있음을 알 수 있다.

이스라엘 국민들은 사막지역에서 젖과 꿀이 흐르는 축복의 땅을 만들자는 각오를 하고, 열심히 땀을 흘렸다. 그들은 현재 식량을 자급하는 국가가 되었고, 농업기술분야에도 선진화를 이룩하고 있다. 두뇌의 회로에 큰 변화를 일으킨 것은 인문학적 사고를 가졌기 때문에 가능했던 것이다. 그들은 어린 시절부터 유대인의 경전인 '탈무드' '토라'를 중심으로 인문학을 배우고 있다.

덴마크도 1814년 프로이센과의 전쟁에서 대패해서 국토의 삼 분의일 정도의 기름진 땅을 빼앗겼다. 힘이 약한 나라로서 울분을 씹을 수밖에 없었다. 하지만 그룬트비나 달가스 같은 국가 지도자가 나타나 민족의 절망을 희망으로 바꾸어보자고 리더십을 발휘했다.

---

15) 배철현, 『중앙일보』, 2015.3.20, 인터뷰 내용.

그게 바로 '밖에서 잃은 것을 안에서 찾자'는 국민적 슬로건이었다. 자갈로 된 척박한 땅을 삽과 괭이로 일구어 비옥한 땅으로 바꾸어 놓았다. 이런 인문학적 가치의 비전이 오늘날 덴마크가 농업선진국가가 되는 바탕이 되었다. 그들의 두뇌에 위대한 회로를 새롭게 설정했기 때문이다.

　네덜란드는 육지의 사 분의 일이 바다보다도 낮은 열악한 땅이다. 하지만 그들은 '신(神)은 세상을 창조했고 네덜란드인은 육지를 만든다.'는 신념으로 간척지를 개발하였다. 두뇌회로에 큰 변화를 일으켜 땀으로 불굴의 의지를 불태웠다. 무엇보다 여기에는 협동정신이 바탕이 되었다. 국토 간척의 경험은 사회구성원들이 합의를 끌어내는 상생의 공동체 의식으로 이어졌고 네덜란드 특유의 문화가 되었다. 오늘날 앞서가는 농업국가로 많은 농산물을 수출하고 있다. 화훼산업은 세계적으로 유명하다.

　스위스는 농업국가로서는 말할 수 없이 열악한 지역이다. 국토의 사분의 삼이 산악지대다. 하지만 그들은 식량자급률이 70% 정도가 된다. 우리보다도 훨씬 높다. 무엇보다 험악한 산들의 경관을 경제적 가치로 전환시켜 놓았다. 산촌체험관광을 위해 많은 사람이 지구촌에서 몰려들고 있다. 오늘날 6차 산업의 모델이 되고 있다. 또 방목을 하는 낙농국가로서도 이름을 날리고 있다. 이는 그들의 두뇌에 큰 변화를 일으켰기 때문이다.
　이처럼 오늘날 농업선진국들을 보면 그들은 열악한 환경에서도 의식의 변화를 위해 인문학적 발상을 가졌다고 볼 수 있다. 오랜 역사 속에 축적된 인간 본성의 지혜를 어떻게 농업경영에 접목시켜 나갈 것인가를 깊이 고민해 보아야 한다.

우리는 인문학적 본질의 가치를 농촌의 여러 분야에 접목시켜 나갈 수 있다는 마음을 가지야 한다. 인문학의 실용화는 관점의 접목이라고 볼 수 있다. 무슨 일이든지 인문학 관점에서 어떤 생각으로 어떻게 접목시켜 나가느냐가 중요하다. 삼라만상에 대한 진(眞)·선(善)·미(美)의 진정한 가치는 내가 어떤 관점으로 어떻게 세상을 바라보느냐에 따라 달라질 수 있을 것이다.

이제 인문학의 본질이라고 할 수 있는 철학, 역사, 문학, 심리, 예술 등의 관점에서 우리 농업과 어떻게 접목시켜 나갈 것인가를 생각해보자. 즉 농업을 인문학적 시각에서 입체적으로 바라보자는 것. 우리 농업에서도 얼마든지 다양하고 지혜로운 가치와 경영방법이 도출될 수 있을 것이다.

▲ 농업인문학의 가치창출 프레임

철학에서 묻는
농업의 길

1. 철학하는 삶이 왜 중요할까

요즘 무엇을 하든 간에 자신의 철학이 있어야 성공을 한다는 얘기를 흔히 듣게 된다. 그렇다. 사업을 경영하든 농사를 짓든 혹은 샐러리맨을 하든 무엇을 하든 간에 철학 마인드가 있어야 한다. 직업에 대한 철학적인 깊이와 높이의 시선을 가져야 한다.

내가 만약 농사를 짓는다면 왜 농사를 짓는가? 과연 나에게 농사는 어떤 의미인가? 또 농사의 가치가 나의 삶에 미치는 영향은? 그리고 내가 진정 원하는 농업경영은 무엇인가? 등 하나의 직업보다는 범위를 넓혀 다른 차원에서 개념을 끌고 와서 생각을 해보면 '농사'라는 것을 철학적 관점에서 바라보게 될 것이다. 나만의 답을 찾았다면 이때 농사는 더욱 의미 있고 가치 있게 와 닿을 것이다. 자신이 가는 길도 더욱 분명해질 것이다.

철학적 태도를 지닌다는 것은 곧 철학적 시선을 갖게 됨을 말한다. 철학은 진정한 삶의 가치는 무엇인가에 대해 고민해 보는 것이라고도 할 수 있다. 철학은 인간과 세계에 대한 근본 원리가 무엇이고 진정한 삶의 본질이 무엇인가에 대해 생각하는 학문이기도 하다. 또 철학은 어떤 현상에 대해 정리된 생각이라고도 말할 수 있다.

우리는 철학적 시각으로 성찰하는 순간 버틸 수 있는 힘과 삶의 가치를 얻게 된다. 그래서 '철학'은 하나도 버릴 게 없는 학문이라고 말한다. 평소 철학하는 힘을 길러야 한다. 어떤 직업이라도 철학적 태도를 견지하는 것은 도움이 될 것이다. 인간의 본질적 삶과 관련되기 때문이다.

그런데 철학하는 태도는 곧 철학자들의 사상과 철학 개념들을 공부해야만 하는 것이라고 생각하지 않는다. 철학자 이창후 씨는 "철학공부의 진정한 가치는 자신의 생각을 발전시키는 데 있다. …철학은 결국 '생각에 대한 반성적 고찰이고, 그걸 체계적으로 정리한 것'이다."[1]라고 말한다. 그래서 자신이 주인이 되는 주체적인 '생각'을 어떻게 해야 하는지 성찰해 보는 것이 중요하다는 것이다. 철학적으로 사유되고 체계화된 생각이 삶을 바꾼다고 했다. 자기 자신과의 쉼 없는 질문과 모색, 해답, 그것이 바로 인문학의 뼈와 살이라고 말한다.

나는 몇 년 전부터 철학과 관련된 책을 즐겨 읽고 있다. 원래 '철학하면 고리타분하고 딱딱한 것이라고 생각하는 선입견이 있다. 하지만 나는 철학공부를 할수록 점점 재미가 붙어가고 있다는 것을 느끼고 있다. 삶의 근원적인 문제부터 시작해서 생각의 깊이를 가져다주게 된다는 것을 알게 되었다. 나의 의견이나 글쓰기에도 좀 더 분명하게 얘기할 수 있는 힘이 되어 주고 있다. 삶의 태도에도 보다 의미 있는 가치를 부여해 주는 것 같다. 또 겸손·배려·나눔·헌신 등에 관점을 새롭게 가져보기도 한다. 철학공부를 하면 할수록 삶이 더욱 진지해지고 나름 지혜가 묻어난다는 것을 느끼게 되었다.

내가 고등학교 다닐 때 교훈은 '양심'이었다. 학교 건물 한가운

---

1) 백상경제연구원(이창후 외), 『퇴근길 인문학 수업』, 한빛비즈, 2018, 431쪽.

데 '양심'이라는 두 글자의 형상이 아주 크게 걸려 있었다. 가톨릭 재단에서 설립한 학교이다 보니 이런 교훈이 제정된 것이라고 짐작도 해 보았다. 그런데 당시 학교 다닐 때는 이 말의 참뜻을 잘 몰랐는데 나이가 들수록 '양심'이라는 단어가 참으로 고귀하다는 것을 느끼고 있다. 사물의 가치를 변별하고 자기 행위의 옳고 그름을 판단하는 도덕적 의식이야말로 어둠 속의 등대와 같은 역할이라고 말하고 싶다.

도널드 트럼프 대통령은 "소크라테스의 책을 특히 즐겨 보는데, 그는 자신의 양심이 믿는 바를 따를 것을 강조한다. 이는 근본적으로 혼자 힘으로 생각하라는 뜻인데, 나도 그 철학에 동의한다."[2]고 했다. 자기양심에 따른다는 것은 곧 자신 삶의 철학에 따른 행동이라는 것을 말해주고 있다.

철학자 후쿠하라 마사히로는 '왜 철학을 해야 하는가?'에 대한 물음에서 사물 전체의 형세와 움직임을 판단하는 '대국관(大局觀)'을 기르기 위함이라면서 다음과 같이 말하고 있다.

"흐름을 읽어 잘 헤엄치기 위해서는 질 높은 정보를 적극적으로 수집하고, 스스로 '생각'해 형세를 판단하는 넓은 시각인 '대국관(大局觀)'을 길러서, 다양한 경험을 통해 자신만의 '행동원칙'에 따라 결단하는 습관을 만들어가야 합니다. '철학적'으로 '생각'하는 것이야말로 이 같은 '대국관'과 '행동원칙'을 형성하기 위한 기초가 되는 것입니다.

철학이란 시대를 넘어서 수천 년 동안 인간이 끊임없이 고민해온 결정체입니다. 그렇기에 철학은 우리가 대국관을 길러서 스스로 생

---

2) 드널드 트럼프, 『트럼프의 부자 되는 법』, 김영사, 2004, 112쪽.

각하고 행동하기 위한 축을 구축하는 데 가장 유용한 '도구'입니다. 철학 자체를 목적으로 하면 철학이라는 '학문'을 배우는 것이 됩니다. 다만 그것은 학자들의 몫으로 남겨두기로 합시다. 우리 대다수에게 필요한 것은 철학을 생각의 도구로 삼아 대국관과 행동원칙을 만드는 일이니까요."3) 역시 철학을 생각의 도구로 삼아 세상을 넓게 바라보고 나아가자는 것을 강조하고 있다.

철학의 흐름을 크게 유럽철학과 동양철학으로 구분해본다면, 유럽철학은 세계를 이해하는 보편적 지식이라고 말하고, 동양철학은 삶을 사는 아름다운 지혜라고 얘기하기도 한다. 동양철학의 지붕이라는 공자는 치국평천하(治國平天下)의 야심을 이루지 못했으나 우리에게 어질고 바른 상(像)을 물려주었다. 오늘날 유교는 거의 사라졌다고 볼 수 있지만 군자의 인격으로 삶의 태도에 대한 가르침은 인간이 행할 근본적 도리이기도 하다.

이처럼 철학은 인간의 참된 가치에 대한 깊이와 넓이를 더해 주며, 삶의 진정한 원리를 발견해가는 학문이라고 볼 수 있다. 철학자들의 사고는 매우 견고하다. 진리를 추구하는 사고 과정에 논리성이 있고 설득력을 찾으려고 끊임없이 생각에 생각을 더하기 때문이다. 우리 농업경영에도 철학적 시선을 보다 분명히 접목해 뚜렷한 영농의 길을 걸어가 보자.

---

3) 후쿠하라 마사히로, 『세계1%의 철학수업』, 21세기북스, 7쪽.

2. 농업인은 철학자

노자는 인간사회를 다스리고 자연법칙에 순응하는 데는 농부를 모방하여야 한다고 말한다.

농부는 자연법칙에 따라 생활할 뿐 아니라 검박한 생활을 한다는 것이다. 『도덕경』(59장)에서 이렇게 말하고 있다.

> **치인사천(治人事天)에 막약색(莫若嗇)이니라.**
> **부유색(夫唯嗇)을 시이조복(是以早服)이니,**
> **조복(早服)을 위지중지덕(謂之重積德)이니라.**
>
> **사람을 다스리고 하늘을 섬기는 데는 김을 매는 농부를 모방하여야 한다.**
> **농부야말로 밭의 잡초를 제거하여 곡식, 나무를 자연에 맡기어 잘 자라게 한다.**
> **일상생활에서도 잡초와 같은 허영을 버리고 인간의 자연성으로 하루바삐 되돌아와야 한다. 하루바삐 자연성으로 되돌아옴으로 다시 덕을 쌓는다.**[4]

노자 연구가 이석명 씨는 "'색(嗇)'의 의미에 대해서 주석가들마다 견해가 조금씩 다르다고 말한다. 중국 삼국시대 위나라의 사상가인 왕필은 농부의 농사일과 관련시켰다. '색(嗇)'은 농부이다. 농부가 밭을 가꿀 때는 곡식 이외의 잡풀을 제거하여 고르게 한다. 농부가 잡초를 제거함으로써 곡식을 온전히 자라게 하듯이, 나라를 다스릴 때 불필요한 일들을 제거함으로써 나라를 온전히 보존할 수 있다는 것이다. 그러나 왕필을 제외한 대부분의 주석가들은 '아낀다'로 해석하고 있다."[5]고 했다. 농부를 특별히, 아끼는 사람이라고 해

---

4) 최태웅, 『노자의 도덕경』, 북팜, 2012, 266~267쪽.
5) 이석명, 『도덕경』, 올재, 2014, 274쪽.

II. 철학에서 묻는 농업의 길 **61**

서 인색할 색자를 써서 '색부(嗇夫)'라고 말한다는 것이다. 농부처럼 아끼는 마음으로 세상을 정치하게 되면 근원이 깊어지는 더욱 행복한 나라가 된다고 의미를 부여하고 있다. 그래서 농부를 이상적 정치가로 여겨야 된다는 것이다.

나는 농업관련 강의를 할 때 가끔씩 농업인들은 때로는 '철학자'라고 말하기도 한다. 농사를 짓다보면 자연의 환경변화 속에 농사를 철학적인 관점에서 바라다볼 수 있다는 의미다. 자연과 동화되면서 맑은 영혼 속에 자신을 바라다보는 기회를 가질 수 있다. 이런 맥락에서 프랑스의 수도사 세르티양주는 "어떤 순간에는 농민이 철학자보다 훨씬 현명하다"[6]고 했다. 농민은 철학적 사색을 한다는 것이다. 사색의 힘은 크다고 말한다. 본성이 촉발하는 어떤 심원한 상상 또는 느낌 그리고 최초의 단순함에 이르려는 고결한 노력은 신성한 울림이 있다는 것이다.

섬진강 시인 김용택 씨는 자신의 글에서 "가난한 농부들의 몸짓을 보면서 나는 살았다. 농부들은 삶이 자연이었다. 농부들은 위대한 시인이었고 철학자였으며 화가였으며 생태학자였다."고 말했다. 또 "그들은 자기를 살리고 세상을 살리는 힘을 갖고 있다."고 말했다. 이는 우리 농업인 역할의 위대함을 말해 주는 듯하다. 이처럼 어떤 현상을 좀 더 깊게 생각해보면 평소 느끼지 못했던 새로운 가치를 많이 발견할 수 있을 것이다.

그는 또 "농사는 엄청난 과학이고 농부는 과학자이다. 농부도 자연에서 일어나는 일을 다 알기 때문이다. 이를테면 개미가 이사

---

6) 앙토냉 질베르 세르티양주, 『공부하는 삶』, 이재만 옮김, 유유, 2013, 119쪽.

가는 모습을 보고 비가 오리라고 파악한다. 그게 바로 농부가 자연 공부, 농사공부로 체득한 지식이었다. 무엇보다 농부들에게는 사는 것 자체가 공부였다."고 했다. 그래서 그는 '농부는 전인적 인간'이라고 결론을 내렸다."[7] 역시 농업인의 능력을 높이 평가하는 찬사의 글이기도 한 것 같다.

철학적 관점에서 보면 모든 현실은 위대한 사유를 낳는다고 말한다. 프랑스 종교 철학자인 라므네는 "모두가 내가 바라보는 것을 바라보지만, 아무도 내가 보는 것을 보지 않는다."고 했다. 일상의 삶에서 좀 더 관조하면서 철학적 사유를 지니면 나름의 가치를 지닌 심원한 원리를 깨닫게 된다는 의미다.

우리가 좀 더 주의를 기울이고 신경을 쓰다보면 삶의 현실에서도 배울 것이 매우 많다는 것을 알 수 있다. 영감을 갖는 또렷한 정신으로 만물을 바라본다면 어디에서나 교훈적인 가치를 찾을 수 있을 것이다. 예를 들어 농촌마을에서는 주택만 보지 말고 인간의 삶과 역사를 본다. 여행을 하면서도 풍경을 바라다보면 위대한 자연의 법칙을 깨닫게 된다. 화랑에서나 미술관에서도 작품만이 아니라 예술과 인간의 관계에 대해서도 생각해 볼 수 있다. 어디에서나 새로운 안목의 잣대로 들여다보면 또 다른 신선한 것을 많이 느끼게 될 수 있다.

영농현장에서 농장을 형성하는 것도 자신의 철학이 담아내는 것이고, 새롭게 집을 짓는 것에도 철학적 생각을 바탕에 두는 것이라고 볼 수 있다. 무엇보다 농업을 잘 경영해 나가려면 '왜'라는 철학적

---

7) 시인 김용택 인터뷰,『농민신문』, 2017.4.10.

개념을 갖는 태도를 지녀야 한다. 우선 내가 왜 농사를 지어야 하는가에 대한 근원적인 물음부터 시작해 보아야 한다. 그러면 우리는 어떻게 하면 농사를 잘 지을 수 있을까 하는 생각을 하게 될 것이다. 이런 사고의 틀이 확립되면 자기만의 색깔을 갖고 투철한 의지 속에 영농을 수행하게 된다는 얘기이다.

조지 소로스 같은 세계적 투자가들이 자신의 성공 비결로 하나같이 '철학'을 들고 있다. 투자에도 역시 철학적 관점이 필요한 것 같다. 한국을 자주 방문하는 조지 소로스는 미래 가장 유망한 투자는 무엇보다 농업에 대한 것이라고 강조하고 있다. 농업을 경영하는 우리로서는 매우 고무적이고 희망적인 얘기다. 철학적 관점에서 보고 있는 그의 농업 가치관에 대해 희망을 걸어보고 싶다.

나는 2018년 3월 6일, 서울 신라호텔에서 투자의 귀재라는 짐 로저스로부터 강의를 들은 적이 있었다. 그 역시 미래에 가장 희망적인 산업은 농업이라고 말했다. 10년, 20년 후면 세계적 산업의 판도가 달라질 것이라고 예고했다. 그는 어릴 때부터 땅콩을 팔았고, 야구경기장에 팬들이 남기고 간 빈 병을 주워 돈을 벌었다고 한다. 나중에 월 스트리트의 투자회사에 일하다가 조지 소로스와 퀀텀펀드를 만들어 큰 수익률로 거액의 돈을 벌었다고 말한다. 그도 역시 철학적 삶의 가치관이 확고했기 때문에 오늘날 세계적인 투자가의 위치에 올라서게 되었다고 볼 수 있다.

친환경농업을 하나의 철칙으로 지켜가는 농업인의 경우에도 나름의 농사철학을 갖고 있기 때문에 실천해 나가는 것이라고 여겨본다. 친환경농업은 땅과 물 즉 자연을 보호하고 사람을 보호하게 된다. 더불어 식품 안전성을 바탕으로 소비자로부터 신뢰도 받게 된다. 결국 세상을 이롭게 하는 것이다. 친환경 재배는 천천히 걸어가는 걸음마이지만 모두를 섬기는 인간 중심의 농업경영철학이라고 말해볼 수 있다. 어떤 일이든지 철학적 관점을 접목시키면 가치를 향한 가야 할 길이 더욱 분명해질 것이다.

시간의 강에서 표류하라

'인생의 꿈을 유기농법으로 가꾸어 가라'는 어느 글귀를 보고 많은 호감을 느껴보았다. 인생을 유기농법에 비유한다는 자체가 신선하고 흥미 있게 여겨졌기 때문이다. 우리 인생을 하나의 농사로 간주해서 의미 있게 표현한 것이다. 평소 '유기농법'의 중요성을 강조하는 나로서는 더욱 친밀감을 느끼지 않을 수 없었다.

'유기농법의 꿈 가꾸기'에 대한 설명은 대략 이렇다.

영농계획의 꿈을 수익의 관점에서 치중해 로드맵을 그려서 실천해 나가는 것을 '일반농법' 또는 '계획농법'이라고 말할 수 있다. 이는 비료나 농약을 치면서 가꾸는 인위적인 농업경영이라는 것이다. 이런 농법에는 환경오염, 잔류농약, 건강 이상 등의 피해가 따를 수 있다. 하지만 자신이 이룰 대망의 꿈에 대해 큰 방향을 잡은 다음, 그냥 시간의 강 속에서 표류하면서 그것이 이루어질 때까지 버티어나가는 것이 '유기농법' 또는 '친환경농법'의 꿈 가꾸기라는 것이다. 이는 이념적 또는 철학적인 의미가 담겨 있는 인생경영이라고 볼 수 있을 것이다. 큰 시간의 흐름 속에서 함께 적응해 가면서 그 꿈을 이루어 간다는데 의미를 두고 있다. 뜻을 이루는 데는 물론 시간은 많이 소요될 것이다. 그렇지만 주위 환경을 이롭게 하고 더욱 품질 좋은 농산물 결실을 가져다주는 친환경농법과 같은 효과를 가져오게 될 것이다. 결국 '유기농법의 꿈'은 시간이 흘러가게 되면 가치와 보람이 큰 자신의 비전을 이루게 된다. 그야말로 시간의 강에서 표류해도 목표지점에 도달하게 된다는 의미다.

차동엽 신부는 자신의 꿈을 '유기농'을 경영해 나가듯이 하라는 의미에서 다음과 같은 말을 하였다. "꿈이라는 나무를 파종만 하고 생태의 이치에 맡기는 것이다. 오로지 생태적으로만 경험하고 상생하면서 결실을 맺도록 말이다. 그러면 설령 소출은 적다 하더라도 그 꿈의 결실은 주위 환경과 농부 그리고 이웃들에게도 자연의 환상적인 풍미로 기쁨을 주게 되어 있다."[8]

이는 하나부터 열까지 전부 계획해서 실행해 간다는 발상보다 인생의 고비를 맞았을 때 확실하게 큰 방향을 잡은 다음, 흘러가는 대로 놓아두도록 권장하는 표류하는 농법이 좋다는 것을 말해주고 있다. 꿈을 '아침부터 저녁때까지' 줄곧 품고 있되, 태풍이 불어 항로를 이탈해도 확실하게 '큰 방향'으로 잡은 다음 계속 나아가라는 것이다.

나도 요즘 나의 꿈을 '유기농법'으로 경작해 가려고 한다. 독서를 하고 책을 쓰고 또 강의하는 것이 인생 후반의 큰 꿈이고 목표이기도 하다. 그런데 욕심만큼 되지 않아 늘 부족함을 느끼고 있다.

---

8) 차동엽, 『희망의 귀환』, 위즈앤비즈, 2013, 244쪽.

나의 의지와 실천력에도 문제가 있겠지만 굳이 핑계를 댄다면 나이가 들수록 챙겨 볼 일들이 많아진다는 것이다. 가족, 친척, 친구 등과의 관련된 일을 말한다. 예를 들어 아내가 어디 멀리 볼일 보러 갈 경우가 있으면 웬만하면 자동차로 태워주려고 한다. 또 손자 돌볼일이 생기면 기꺼이 달려가기도 한다. 물론 빼앗기는 시간은 내 삶의 리듬을 흩뜨려지게 하기도 하지만 가족을 위한 배려가 우선적 가치가 있다고 믿고 있다. 친척이나 친구 등 주변 사람들의 애경사가 있을 경우에도 가급적 시간을 내어 참석하려고 한다. 멀리 지방에서 그런 일이 있어도 마찬가지다.

그렇다고 나의 꿈을 포기한 것은 아니다. 언젠가 이루고 말겠다는 신념을 갖고 나름대로 노력을 계속하고 있다. 토끼와 거북이가 경주하면 결국 천천히 끝까지 걷는 거북이가 승리한다. 긴 세월 속에 천천히 걸어가면서 비바람을 맞더라도 언젠가 '유기농법 꿈'을 이루는 그날이 다가오리라고 믿어본다. 신학자이자 철학자인 프랑스 수도사 앙토냉 질베르 세르티양주는 천천히 걸으면서 포기하지 말라는 의미에서 "어리석음도 나름의 교훈이다. 전염병에서 회복한 사람은 거기서 힘을 얻는 법이다. 비틀거리면서도 쓰러지지 않는 사람이 걸음을 더 멀리 내딛는다."[9]라고 말했다. 멀리 보고 천천히 걸어가자. 자연 속에 자라는 한 알의 곡식에도 햇빛·천둥·번개·비·구름이 담겨 있다. 자연의 섭리에 따라 갖은 풍상을 겪으며 영글어지게 된다. 사람도 역시 소망하는 꿈이 잠재의식 속에 확고하게 녹아 흐른다면 언젠가 이루어지게 될 것이다. 유기농법 꿈의 실현은 곧 삶의 가치를 더욱 알차게 만들어 줄 것이다.

---

9) 앙토냉 질베르 세르티양주, 『공부하는 삶』, 이재만 옮김, 유유, 2013(원저 1934), 234쪽.

3. 진리는 자연을 본받는다

흔히들 '인과응보(因果應報)'의 의미를 두고 말할 때, '콩 심은 데 콩 나고, 팥 심은 데 팥 난다'는 격언으로 대신한다. 자연의 섭리는 곧 투입과 생산이 상호 연결된다는 뜻이기도 하다. 자연은 정직을 근본으로 삼으며 질서를 존중한다. 농사는 질서 속에 순응하면서 지어간다. 봄에 싹이 터서 여름에 무럭무럭 자라고 가을이 되면 영글어 수확하게 되는 순환의 틀을 갖고 있다. 자연의 순리에 어긋남은 곧 문제를 가져오게 된다. 기상이변이 있으면 농사는 제대로 되지 않는다. 자연의 질서는 참으로 오묘하고 정확하다는 것을 느낄 수 있다. 그래서 노자는 "진리는 자연을 본받는다." 즉 '도법자연(道法自然)'이라고 했다. 인간이 궁극적으로 본받아야 할 대상은 '자연'이라는 것. 그래서 만물의 근본인 자연으로 돌아가야 된다고 말한다.

인법지	人法地
지법천	地法天
천법도	天法道
도법자연	道法自然

사람은 땅을 본받고,
땅은 하늘을 본받고,
하늘은 도를 본받고,
도는 저절로 그러함(자연)을 본받네.[10]

-『도덕경』 25장

농사를 지으며 자연의 이치를 깨닫는다는 것은 마음을 닦아나가

---

10) 노자 저, 『도덕경』, 이석명 역, 사단법인 올재, 2014, 124쪽.

는 수양의 과정이라고 볼 수 있다. 자연의 이치와 섭리를 염두에 두고 오묘한 진리를 깨닫게 되다보면 장아찌에 간장이 배듯 심신수양을 하는데 영양가로 스며들게 될 것이다. 스스로 고양된 가치들을 잘 실천해 나가면 훌륭한 인격자로 발전해 나갈 수 있다. 자연 속의 삶 자체는 인격 수련에 많은 도움이 된다. 자연 속 진리의 가르침에 더욱 품위 있는 삶을 살아가는 지혜를 얻게 된다.

다산 정약용 선생은 "성정의 바름(性情之正)과 하늘과 땅의 화기(天地之和氣)를 유지할 수 있어야만 인간의 삶은 정당해지고 사람이 인간으로 대접받는 세상이라고 여겼다."[11] 이를 보면 바른 마음과 하늘과 땅의 조화로운 기운과 원리를 잘 유지해 나가는 것이 중요하다는 것을 알 수 있다. 대자연 속의 환경적 가치와 함께 삶을 누려간다는 것은 행복하고 참된 삶이라는 것을 느낄 수 있다.

자기계발의 대가인 미국 스티븐 코비는 자신이 원하는 결과를 이루기 위해서는 '지배하는 원칙'이나 '자연법칙'을 찾아서 적용해야 한다고 말했다. 그중 자연법칙은 '농사의 법칙'을 따르라고 했다. 봄에 씨앗을 뿌리고, 여름에 가꾸며, 가을에 수확하듯 만사가 그렇게 이루어져야 한다는 것이다. 누구나 씨를 뿌리고 노력한 만큼만 거둘 수 있으며 지름길이란 절대로 없는 법이라고 강조하고 있다. 이처럼 인생의 승리는 언제나 성공과 연결된 원칙을 따랐을 때 얻어지게 된다. 봄에 씨앗을 뿌리지 않고서는 절대로 가을에 수확할 수 없다. '뿌린 대로 거둔다.'는 인과응보(因果應報)의 정신은 자연만큼 정확히 말해주는 것은 없는 것 같다.

---

11) 위정철, 『존재 위백규와 다산 정약용 생애와 사상연구』, 한국학술정보, 2012, 114쪽.

철학자 에머슨은 "광활한 우주에 좋은 것이 아무리 넘쳐나도 자신에게 주어진 밭뙈기를 갈지 않으면 배를 채울 옥수수 한 알도 얻을 수 없다."고 했다. 자연만물에는 인간의 땀을 담아야만 뭔가 얻을 수 있다는 것을 알 수 있다. 장사나 사업에는 술수라는 개념이 작용할 수 있다. 하지만 농사는 '뿌린 대로 거둔다.'는 만고불변의 법칙이 작용하고 있다. 농사에는 이처럼 정직함이라는 거대한 원리가 담겨 있다는 것을 알 수 있다.

'나무속의 인문학 배우기'란 말이 있다.『목수의 인문학』저자 임병희 씨는 나무의 나이테는 자연의 이치를 알려준다면서 다음과 같이 의미를 부여하고 있다. "나무는 물과 양분이 풍부한 봄과 여름에는 빨리 자란다. 이 부분을 춘재(春材)라고 하는데 성장은 빠르지만 밀도가 낮고 무르다. 반대로 간고(艱苦)한 가을과 겨울에 자란 추재(秋材)는 성장은 더디지만 단단하다. 그 상황에 맞게, 그 지나는 시간에서 최선을 다하는 것이 나무이다. 그러나 사람은 일찍 서둘러 단단하게 자라기를 바란다. 이치를 따르지 않으니 어그러지고, 어그러지니 자라지도 단단해지지도 못한다.

나무의 성장 과정은 또 가구를 만드는 사람의 과정과 다르지 않다. 어떤 과정을 건너뛰고 갈 수는 없다. 맹자는 '유수지위물야(流水之爲物也) 불영과불행(不盈科不行)'이라고 했다. 흐르는 물은 구덩이를 채우지 않고는 더 나아갈 수 없다는 뜻이다."12) 힘들고 외로울 때 우리는 그것이 빨리 지나가기를 바라지만 그만큼 힘들어야, 그만큼 외로워야 슬픔과 외로움을 이겨낼 수 있다. 세상일에는 이처럼 거쳐야 할 과정이 있다.

---

12) 임병희,『목수의 인문학』, 비아북, 2015, 19쪽, 235쪽.

급한 마음일수록 둘러가라는 말이 있다. 나중에 가면 그게 더 큰 성공을 가져다줄 수 있다. 농업도 긴 안목을 갖고 뚜벅뚜벅 걸어가는 자세를 취해야 한다. 너무 서두르면 길게 가지 못한다. 땅을 생각하고 사람을 생각하는 인본주의 농업으로 나아가야 한다. 그게 생산자와 소비자가 함께 공존하는 길이 될 것이다. 급할수록 돌아가야 한다. 2000년 전 내전을 수습하고 '팍스 로마나(Pax Romana)'의 황금시대를 연 고대 로마의 초대 황제 아우구스투스의 좌우명은 '천천히 서둘러라(Festina lente)'이다. 한번 음미해 볼 만한 가치가 있을 것이다. 그게 바로 우리가 가져야 할 '농심철학'이기도 하다. 단단한 땅에 물이 고인다고 했듯이 기초를 튼튼히 하고 과정을 차근차근 다져나가면 미래에 큰 그림이 그려지게 될 것이다.

4. 자존감을 가져야 할 농업인

나는 고향인 시골에 갈 때마다 대자연 속에 들어가는 기분이다. 서울에서 출발할 때부터 벌써 마음에 상쾌함이 와 있는 듯하다. 유산으로 물려받은 논에는 매년 벼를 재배하고, 밭에는 감나무와 대추나무가 심어져 있다. 농장 규모는 작지만 오랜만에 찾아가면 해야 할 일이 많다. 잡초를 뽑고 고랑을 정리하다보면 땀이 뒤범벅된다. 하지만 깨끗한 자연의 품속에서 활동한다는 것을 생각하면 위안이 되기도 한다. 삭막한 도시생활을 하다가 새소리만 들려오는 고요한 농촌에서 하루 이틀 지내다보면 자연과 동화되듯이 느껴진다. 원래 인간은 자연의 일부라고 하는데 동질감으로 아늑함을 느끼는 것은 당연할 것이다.

우리 농업인들은 농업에 대한 자부심을 가져야 한다. 농업은 자연을 보존하고 생명산업을 지켜가는 것이다. 농사는 힘든 직업임에도 꿋꿋하게 해 나가고 있다. 또 불확실한 일기와 기대에 못 미치는 농산물가격 속에 농가소득이 보장되지 않아도 참고 견디어 낸다. 갖은 어려움 속에서도 이 강토를 지켜가고 이 민족의 전통문화를 보존해 나가고 있다.

　　'황국(黃菊)과 백국(白菊)'이라는 조선시대 문인이며 의병장인 고경명 씨가 쓴 아주 의미 있는 시가 있다.

> 국화라면 노란 게 귀하다지만,
> 천연스런 흰 국화도
> 좋지 않으냐.
>
> 빛깔이 다르다고 구별치 마라.
> 서리에 꿋꿋하긴
> 모두 같으니.

　　이는 서리 내리는 가을에 황국화이든 백국화이든 피는 꽃이 소중하다는 의미이다. 역사 속의 훌륭한 인물들을 국화꽃으로 의인화해 보면 귀한 빛깔로 고귀한 업적을 낸 황국화가 있는가 하면, 흰옷을 입고 나라를 지킨 임란(壬亂) 때의 의병들과 독립운동을 한 민초들처럼 백국화도 있다는 것이다.

　　그렇다. 나라가 발전되고 유지되려면 황국화이든 백국화이든 모두 중요하다. 힘든 농촌생활이지만 묵묵히 생명농업을 이끌어가는 우리 농업인들은 흰 국화 같은 존재로 노란 국화 못지않은 소중한 역할을 하고 있다. 결국 인간승리에 있어서 북극성처럼 홀연히 빛나는 황국화 같은 존재도 중요하겠지만, 은하수처럼 촘촘히 빛나는 백국화 같은 삶도 더욱 소중하다는 것을 다시금 인식해야 한다.13) 우리 농업인들은 자연을 보존하고 생명산업을 지키며 또 전통문화를 이어가고 있는 분명한 애국자라고 말하고 싶다.

우리는 농업인들의 자존감을 살려주어야 한다. 그들을 볼 때 농가소득의 관점에서가 아니라 생명산업 종사자로, 생태보호자로, 아름다운 경관을 가꾸어주는 환경관리원으로, 전통문화의 수호자 등의 역할을 하고 있다. 그야말로 나라발전을 위한 멀티 플레이어이다. 그래서 농업직불제를 확대해 나가야 한다는 목소리에 무게가 실려야 한다는 것이다.

오늘날 농촌체험관광이 인기를 끌고 있다. 여기에 핵심은 생태와 관광이 결합된 생태관광이다. 그야말로 자연친화적인 체험이다. 요즘 '생태계 서비스'라는 개념이 등장해 자연이 인류에게 주는 경제적 가치를 부각시키고 있다. 자연이 인류에게 주는 경제적 가치의 혜택을 살펴보면 이렇다.14)

① 식량·원료·생물자원 그리고 물과 같은 혜택은 생태계 서비스 중 공급서비스다.

② 식물이 탄소동화작용 등을 통해 온실가스나 미세먼지를 흡수하고 가뭄이나 홍수를 완화시키며 꽃가루를 수정하는 등의

---

13) 박영일,『무지개를 피우는 행복마을』, 이담북스, 2011, 20쪽.

14) 자연환경국민신탁 대표이사 전재경,『중앙일보』, 2017.10.9.

혜택은 조절서비스다.

③ 토양과 서식지의 유지, 생물다양성·먹이사슬 유지, 지하수·영양물질 순환과 같은 혜택은 지지서비스다.

④ 공급·조절·지지 서비스를 기반으로 인류가 자연 속에서 미관과 영성을 통해 누리는 각종 교육·체험·휴양·치유·레저 등의 혜택은 문화서비스다.

인류에게 이런 훌륭한 생태계 서비스를 공급해 주고 있는 우리 농업인들은 자존감을 가져야 한다. 문제는 농업·농촌의 다기능 서비스가 있음에도 불구하고 오늘날 아름다운 경관과 맛있는 먹거리만을 누리는 관광은 생태계 서비스를 거의 활용하지 못하고 있는 셈이다. 앞으로 이런 다양한 기능을 인식하고 생태계 서비스를 골고루 활용할 수 있는 사람이 늘어나야 한다.

한편으로 농사는 경제적 수단으로서 삶의 현실을 충만하게 살아가는 하나의 방편이라고 볼 수 있다. 중국 '역사의 아버지'라고 일컬어지는 사마천은 "늘 가난하고 천하면서 인의(仁義)를 말하기를 좋아한다면 역시 부끄러운 일이다."라고 했다. 예전 대개의 선비는 가난에 찌들어도 방구석에 앉아 책이나 읽는 경우가 있는데 이는 졸렬하고 천하다는 얘기다.

다산 정약용 선생은 최고의 저술을 남긴 지식인이었지만 채소밭 가꾸기가 취미였다. 그는 18년간 유배 생활 내내 채소를 직접 가꿔 먹었다. 여기에 대해 문학가 정혜경 씨는 『채소의 인문학』에서 이렇게 밝히고 있다. "다산은 '쓸데없는 책이나 지루하고 무용(無用)한 논의는 다만 종이와 먹만 허비할 뿐이고, 좋은 과일나무를 심고 좋은 채소를 가꾸어 생전의 살 도리나 넉넉하게 하는 것만 못하다.'(『다산시문집』 18권)라며 현실에 뿌리박은 삶을 예찬했다."15)

이처럼 다산은 하는 일 없이 선비나 양반이라는 헛된 명분에 사로잡혀는 안 된다고 일갈하고 있다. 그래서 농사를 짓는 게 낫다고 했을 것이다. 당시에는 농업은 근본이고 상업은 끄트머리라는 '농본상말(農本商末)' 사상이 보편적이기도 했다. 많은 백성이 식량이 부족해 굶주림에 시달리기도 했다. 생명의 근원을 받쳐주는 농업의 중요성은 예나 지금이나 변함이 없다. 고서(古書)인 『사기(史記)』에 '백성은 음식을 하늘로 여긴다[민이식위천(民以食爲天)].'고 했다. '백성에게는 먹는 것이 하늘'이라는 뜻이다. 이런 진리는 수억 년의 세월이 흘러도 변하지 않을 것이다. 생명산업에 종사하면서 백의민족의 혼을 이어가는 우리 농업인들은 더욱 긍지와 자존감을 가져야 할 것이다.

5. 자기만의 농사철학이 있어야

2015년 6월부터 매년 나는 경북대학교에서 주관하는 「경북농민사관학교」에서 강의를 해 오고 있다. 3년째 매년 연속으로 현재 출강하고 있다. 「경북농민사관학교」는 '농업CEO과정'으로서 전통적으로 위상이 높은 학습과정이다. 그야말로 경상북도 내에서 농업경영에 선도적인 위치에 있는 농업경영인들이 모인 학습단체이다. 전국에서도 인지도가 상당히 높다.

---

15) 정혜경, 『채소의 인문학』, 따비, 2017, 74쪽.

이들은 변화하고 있는 농업트렌드에서 보다 경쟁력 있는 새로운 농업경영을 모색하기 위해 이 과정에 참여하게 된 주된 동기라고 간주해볼 수 있다. 각 학습 분야별로 지원한 과정에서 1년 동안 강의를 듣게 된다. 나는 이 강의에 갈 때마다 농업인이 가져야 할 인문학적 정신을 강조한다. 농업경영에 대해 자신이 가진 철학이 무엇인가를 다시금 되새겨 볼 것을 주문한다. 농업철학이 분명해야 더욱 선도적 지위를 차지할 수 있는 기반을 공고히 할 수 있기 때문이다. 내 강의에 진지하게 경청하는 모습은 곧 공감의 표시라고 여겨본다.

농업경영에 철학적 가치 접목은 우선 내가 왜 농사를 짓고 있는가에 대한 근원적인 물음이다. 이것을 심화시켜나가면 더욱 진정성을 찾게 된다. 그래야만 나만의 농사철학이 생겨날 수 있다. 철학은 대상의 본질을 끝까지 찾아낸다는 의미를 갖고 있다. 그래서 자신과 농업의 관계를 더욱 명확히 해 나가자는 것이다. 철학적 의미를 깊게 갖게 되면 미래로 나아가는 방향이 더욱 분명하게 설정된다. 그래서 철학은 자동차의 방향을 안내해주는 내비게이션 역할을 한다고 말한다. 소크라테스처럼 끊임없이 자문자답을 하다보면 자신이 왜 농사를 짓는가에 대한 자기만의 답을 얻게 될 것이다. 그러면 분명 자신이 해야 할 일이 무엇인가를 알고 나아갈 방향의 좌표를 설정하게 된다. 오늘날 우리나라에서 성공하는 농업인들을 보면 자기만의 투철한 철학을 가진 신념의 소유자라고 간주해 볼 수 있다. 그게 바로 '나의 길', 즉 '마이 웨이(My Way)'를 부르짖는 집념이고 고집인 것이다.

각자 나름의 농사철학을 확고히 갖고 있으면 된다. 모두 다 잘할 수는 없다. 폭넓게 온전함을 추구하는 것은 사실상 어렵다는 것, 부족한 면이 있어도 하는 수 없다. 인문학자 정민 교수는 이렇게 말한다.

"명나라 서정직이 『치언(恥言)』에서 한 말이다. 일은 온전하게 이루어지는 경우가 없고, 사물은 양쪽 모두 흥하는 법이 없다. 그래서 하늘과 땅 사이의 일은 반드시 결함이 있게 마련이다. 현명한 사람은 결함이 있을 수 있는 일에서 온전함을 구하기에 힘쓰지 않고, 결함이 있을 수 없는 일에서 덜어냄이 생길까 염려한다. …세상일은 전수양흥(全遂兩興), 즉 모두 이루고 다 흥하는 법이 없다. 살짝 아쉽고, 조금 부족해야 맞는다. 불무구전(不務求全), 온전함을 추구하려 애쓸 것 없다. 다 쥐려다가 있던 것마저 잃고 만다."16)

이처럼 세상일은 자신의 욕구를 모두 충족시키고 완전함을 추구할 수는 없다. 부족한 가운데서도 나름 열심히 해 나가면 그게 다 의미가 있는 일이다. 작은 분야에서라도 최선의 노력을 기울이다보면 그게 나중에 크게 된다. 노자는 『도덕경』에서 '천 리 길도 한 걸음부터 시작된다[천리지행(千里至行) 시어족하(始於足下)].'고 말한다. 미흡하더라도 우선 차근차근 나아가면 된다.

농부철학자로 알려진 윤구병 씨는 확고한 신념으로 농사를 지어가고 있다. 그는 서울대학교 철학과를 졸업한 후 충북대학교에서 철학과 교수를 15년 동안 지내기도 했다. 오랜 고민 끝에 대학교수를 등진 이후 저 멀리 전라북도 변산에 내려가 농촌공동체를 20년

---

16) 한양대 교수 정민, 『조선일보』, 2018.1.25.

간 일구었다.

그는 농사를 지으면서 100년 전 유기농법을 그대로 고집하였다. 자연순환적인 농법이 되어야 자연도 살리고 사람도 살린다는 신념의 소유자였다. 평소 "우리의 밥상에 올라오는 음식은 자연이 준 선물"이라고 강조하였다. 그가 말하는 '공동체'는 사람뿐만 아니라 농작물, 나무, 풀, 흙, 바람, 해 등 모든 자연과 함께 하는 공동체를 의미한다. 자연과 함께 어우러지는 포괄적인 생태계를 말한다. 그래서 그는 일체 제초제·농약·화학비료 등이 없는 '5무 농법'을 썼다고 한다.

변산 공동체에서 유기농법으로 2만 평 가까운 논과 밭에 쌀·보리·밀·콩·조·수수 등 100여 가지를 키웠다. 대여섯 명으로 시작한 공동체가 이래저래 60명 가까이 됐다. 공동체 주변에 독립가구를 이룬 이들을 포함하면 100여 명이 함께 살았다. 공동체 생활에서 사계절이라도 겪어본 사람은 대부분 도시가 아닌 농촌으로 돌아온다고 했다. 그는 평소 "농업이야말로 자기실현을 위한 가치 있는 노동"이라고 강조하기도 하였다.

그는 지금 경기도 파주시에서 보리출판사를 경영하고 있다. 한 인터뷰에서 밝힌 그의 농업관에 대한 주요 내용을 정리해보면 대략 이렇다.

"우리는 컴퓨터 칩이나 시멘트를 먹고 살지 않는다. 주곡 자립 없이는 자주국방도 없다. 시골 노인 한 명이 도시인 20명을 먹여 살리는 지금 같아선 미래를 기약할 수 없다. 어릴 적 땡볕에서 일하시던 아버지께서 "눈은 게으르고 손은 부지런하다."고 하셨다. 산더미 같은 일도 하다보면 끝이 난다. 시골 일이 그렇다. 한 철 한 철 나면서 사람도 철이 든다. 반면 도시 일은 해도 해도 끝이 없다. 종살이에 가깝다.

나는 하루를 오체투지(五體投地)로 시작한다. 잠자리에서 눈을 뜨면 머리와 두 팔, 두 다리를 방바닥에 대고 해와 바람, 땀과 물에 큰절을 올린다. 하느님이, 부처가 뭔지는 잘 모른다. 나의 몸과 생명을 이룬 모든 것에 감사를 드린다. 세상의 평화를 빈다.

노인들이 청년들의 재산과 일자리를 꿰차고 있으면 안 된다. 문명의 물줄기를 돌려야 한다. 돈은 어쩌다 잠시 내 손에 들어온 것일 뿐이다. 생명·평화라는 근본을 생각하자. 예컨대 바느질은 수천 년을 이어온 '완성된' 기술이다. 반면 컴퓨터는 몇 개월마다 새 버전이 나오는 '불완전한' 기술이다. 지금까지 전쟁과 폭력으로 이어진 과학기술이 부지기수다.

불교 화두에 '방하착(放下着)'이 있다. '마음을 내려놓으라.'는 뜻인데 나는 평소 '마음 놓고 살자'라고 풀어왔다. 오늘도 내가 꿈꾸는 세상이다."[17]

이처럼 농부철학자 윤구병 씨는 확고한 삶의 가치관을 갖고서 올바른 세상을 만들어가기 위해 농업을 통해 많은 노력을 기울여왔다.

투철한 철학정신으로 성공하고 있는 농업인들

경쟁이 심화될수록 더욱 분명한 자기만의 철학이 필요하다. 농가경영에 있어서 뚜렷한 소신은 경쟁력을 확보하는데 큰 요소가 될 수 있기 때문이다. 물론 그 소신을 실천해 나가는 데는 많은 장애

---

17) 윤구병, 『중앙일보』, 2015.9.5, 인터뷰 내용정리.

가 있을 수 있다. 하지만 언젠가는 그 신념의 씨앗이 싹을 틔우게 된다. 매력적인 성과가 나타나는 것은 결국 시간의 문제이다. 소비자의 눈은 언제나 예리하다. 내가 모르는 것도 결국 소비자는 알고 있다는 것을 알아야 한다.

나는 몇 년 전 경상남도 진주에서 농사를 짓고 있는 류진농원 대표 류재하 씨의 농장을 방문한 적이 있었다. 그는 단감 18,000평, 매실 5,000평, 고구마 10,000평, 자두 1,500평 등을 재배하고 있다. 대규모 농장이다. 연간 매출액도 몇 억 원이나 될 정도로 생산 규모가 크다. 워낙 농장이 크다 보니 한창 바쁠 때는 복띠를 두르고 일할 정도라고 말한다. 이를 보더라도 류 대표의 투철한 의지와 근면성이 대단하다는 것을 알 수 있었다. 또 그는 '친환경 농업만이 농촌의 살길'이라며 옛 유기농법을 존중하고 있다. 과수원에 초지조성을 하고, 액비를 미생물과 함께 발효시켜 뿌리는 천연 자연농법을 실시하고 있다. 현재 이 농장에는 많은 도시민이 체험관광을 위해 방문하고 있다. 류재하 대표는 농장의 모습들을 수시로 페이스북에 올려주고 있다. 그래서 나는 멀리서도 이 농장의 동정을 잘 보게 된다. 의지가 투철한 앞서가는 농업인이라고 말할 수 있다.

이 밖에도 확고한 농업경영철학으로 오로지 친환경농업, 유기농업을 주장하는 농업인들의 몇몇 성공사례를 보면 이렇다.[18]

전남 장성 학사농장 강용 대표는 연 수십억 원의 농산물 매출을 올리고 있다. 그런데 그의 농업경영철학은 '생산량이 떨어지더라도 절

---

18) 농림축산식품부, 『미래 성장산업을 이끄는 우수 농업인들』, 2015, 32쪽, 37쪽, 65쪽.

대 농약이나 화학비료는 쓰지 않는다.'는 확고한 원칙을 갖고 있다.

전북 김제 천지원 김병귀 대표는 20여 년 가까이 유기농에 삶을 바쳤다. 그는 '철저한 준비성과 정확한 목표를 갖고 농업경영을 해나가는데 죽어도 친환경이어야 한다.'는 영농철학이 성공의 바탕이 됐다고 한다.

충북 괴산 개미네 농가 박옥진 대표는 귀촌 23년 만에 매출 7억 부농의 반열에 올랐다. 그는 계약재배로 농산물을 많이 출하하고 있다. 신뢰마케팅으로 홈쇼핑 유통까지 뚫었다. 그의 농산물 출하 원칙은 '수단 방법을 가리지 않고 약속을 지킨다.'는 것이다. 그게 오늘날 성공한 비결이라고 말한다.

가장 깨끗하고 아름다운 목장으로 대상을 받은 경기도 양평 세민 농장 한엽 대표는 "소가 쓰러져 죽기 직전이 아닌 한 항생제 사용은 자제했다."고 한다. 그의 친환경 축산철학은 남다르다는 것이다.

강원 횡성 에덴양봉원 윤상복 대표는 '진실성이 제일'이라는 신념으로 사양벌꿀 유혹을 떨치고 최고 꿀 생산에 노력하고 있다. 그는 항상 소비자를 생각하면서 먼 길이라도 그 길을 따라가고 있다는 것이다.

이처럼 선도적으로 앞서가는 농업인들을 보면 나름 농업경영철학이 뚜렷하다는 것을 느낄 수 있다.

어느 일본 농업인의 철학적 소신이 강한 경영사례를 하나 소개해 보면 이렇다.

『우리는 시골 농부를 스타로 만든다.』를 쓴 다카하시 히로유키 씨는 일본에서 농촌운동가이다. 그는 <도호쿠 다베루 통신>을 창간하여 농촌 생산현장의 모습을 생생하게 도시소비자에게 알려주고 있다. 먹거리의 생산현장에서 일어나는 일들을 그대로 전해주어 소비자들의 공감력을 얻고 있다. 지역 농산물 소비자 회원들에게 농산물과 함께 생산현장의 이야기가 담긴 정보지를 함께 보내준다. 정보지와 세트로 묶인 '먹거리'를 도시인의 식탁에 배달해주는 역할을 하고 있다. 그는 먹거리를 '상품으로 취급하고 유통했던 세상'을 커뮤니케이션의 힘으로 움직이고 있다. 생산정보지를 소비자에게 발송해 '생명으로서 생산자에게서 소비자에게 릴레이 하는 세상'으로 전환함으로써 생산자는 생산의욕을 고취시키고, 소비자는 감사하면서 먹는 즐거움을 늘려갈 수 있다는 얘기다. 그에게는 농업발전을 위해서는 생산자와 소비자 간에 '커뮤니티'로 지탱되는 농업이 돼야 한다는 철학이 있었던 것이다. 농촌 생산의 소식을 소비자에게 전해주면 우리 농산물의 소비 가치는 더욱 증가된다는 것이다. 역시 농촌현장 모습을 생생하게 전해 주는 것은 우리 농산물 지키기와 농촌 사랑에 있어 중요한 역할을 한다는 것. 먹거리의 이면을 알게 된 소비자는 '이해'와 '감사'를 느끼게 된다는 것이다.

그는 일본의 '지산지소(地産地消) 운동'에 대해서도 그 의미에 대해 남다르게 해석하고 있다. "지역에서 만든 것을 그 지역에서 소비하는 '지산지소(地産地消)'가 아니라, 아는 사람이 만들고 아는 사람이 소비하는 관계라는 의미의 '지산지소(知産知消)'이다." 즉 생산자와 소비자가 서로 아는 관계가 되어야 신뢰하는 농산물 유통관계가 이루어질 수 있다는 얘기다.

또 그는 먹거리(食)라는 한자철학에 대해 다음과 같이 의미를 부여하고 있다. " '먹거리(食)'라는 한자 윗부분은 좌우대칭의 지붕이

씌워져 있잖아요. 이것은 생산자와 소비자의 균형을 의미하는 것이라고 생각해요. 그 지붕이 잘 실현될 수 있을 때 비로소 그 안에서 '좋은(良)' 생활이 가능하다는 의미죠. 이처럼 '먹거리(食)'란 정말 근사한 단어예요."

이처럼 오늘날 성공한 농업인들을 보면 확고한 농업경영철학이 있다는 것을 느낄 수 있다. 그들은 험난하고 외로운 길이 있어도 기꺼이 자기만의 길을 간다. 그게 나중에 보면 성공의 큰 봉우리에 이르게 됨을 알 수 있다.

6. 자신감도 철학이다

나는 능력은 늘 부족하다고 생각하지만 일단 마음에 둔 것은 도전해 보려는 습성이 있다. 군대생활에서 가장 고되고 힘들다는 유격훈련을 1년마다 받을 때도 항상 선두에 서서 남보다 먼저 부딪혀 보려고 했다. 이왕에 고생할 것 먼저 해보자는 것이다. 도전의식은 곧 자신감에서 출발한다고 믿고 있다. 자신감은 인생의 자본이 되는 큰 밑천이라고 여기고 있다.

미국 문학가이며 사상가인 랠프 월드 에머슨은 '자신감은 최고의 성공 비결'이라고 강조한다. 유대민족이 오늘날 우수성을 발휘하는 데는 그들만의 자부심이 큰 작용을 한다고 말한다. 유대 교육은 어린 시절부터 꿈과 인문학을 가르치는데, "선택된 민족의 후예로 인류의 리더가 될 운명을 타고났다."는 메시지를 끊임없이 심어주고 있다. 그게 일상생활 속에 은연 중 체화되어 미래 산업분야에 남보다 먼저 발을 들여놓게 된다는 것이다.

개방화시대! 발가벗고 외국농산물과 한판 힘을 겨루어야 할 시대적 운명을 맞이하고 있다. 우리 농업에 대한 울타리가 다 사라졌다고 해도 과언이 아니다. 개방화의 힘찬 물결에 보호막의 옷을 다 벗게 된 셈이다. 우리 스스로 확고한 경쟁력을 길러 돌파구를 찾아 나서야 한다. 앞으로 글로벌 경쟁은 더욱 심화될 전망이다.

역사의 도도한 흐름에 우리는 두 손 놓고 세상만 원망할 수 없다. 세상과 맞서 싸울 용기가 필요하다. 때론 오기가 있어야 한다. 즉 '세상이 이기느냐 내가 이기느냐?' '당신이 이기느냐 내가 이기느냐?'는 생각을 가질 필요가 있다. 『사기』를 쓴 사마천은 아버지의 유언을 지키기 위해 치욕스런 궁형(*생식기를 거세하는 형벌로 수치심이 강해 많은 사람이 자결로 형을 대신하기도 했다고 함)을 이겨내고 2천여 년의 중국역사를 정리하는 일을 멈추지 않았다. 한 번 목표한 바가 있으면 어떠한 상황도 견디며, 결과를 내는 근성을 가져야 한다. 역사적 인물들을 보면 대개 그런 공통점을 갖고 있다.

오늘날처럼 역사적 전환적 변혁기에는 도전과 응전 속에서 함께 굴러가야 한다. 문제는 밀려드는 도전의 바람에는 그 응전의 힘이 더욱 세야 한다. 즉 '도전<응전'의 개념공식이 이루어져야 한다. 목표를 향한 투철한 의지로 '할 수 있다'는 그 자신감이 팽배되어 있어야 한다. 속담에 '하늘이 무너져도 솟아날 구멍이 있다'고 했다. 지금 우리에게 더욱 필요한 것은 돈보다는 자신감이다. 배짱 없이는 절대로 역경을 이겨낼 수 없다. 자신감이 있어야 미래를 개척해 나갈 수 있는 에너지가 생성된다.

농업환경을 둘러싼 우리의 위치를 더욱 면밀히 분석해서 구체적인 전략을 세워보자. 옛말에 '호랑이에게 물려가도 정신을 차리라'고 했다. 현실을 냉정하게 바라다보고 우리 스스로 난관을 뚫어갈 방안을 모색해보아야 한다. 핑계를 찾지 말고 방법을 찾아보는 긍정적인 자세가 필요하다. 우리 농업규모가 작아서 경쟁력이 없다고 생각해서는 안 된다. '작은 고추가 맵다'는 말이 있다. 스위스나 네덜란드는 국토의 규모가 크지 않지만 오늘날 농업강소국으로서 위상을 차지하고 있다. 규모가 작아도 시장에서 품질을 인정받아 소비자가 큰 값에 구매해주면 경쟁력을 갖게 된다. 농업경쟁력의 핵심은 규모가 아니라 시장에서 소비자의 선택이다.

중국을 새로운 기회의 땅으로 간주하고 고소득층을 겨냥해야 한다. 그들은 안전하고 고품질 농산물을 소비하기를 원한다. 김치의 경우에도 그들이 우리나라로 수출하는 것도 많지만 역으로 우리나라 김치를 구매해서 사 먹는 소비자들이 많다는 것을 알아야 한다. 중국 일부 부유층에서는 한국 우유를 아침마다 공급받아 마시는 소비자층이 있다고 보도되고 있다. 그만큼 우리 우유가 안전하고 품질이 우수하다는 얘기다.

우리 농산물은 약 2500년 전부터 세계적으로 품질이 좋은 것으로 인정받았다. 진시황제는 "불로초를 캐러 저 작은 동방의 나라로 가자"고 했다. 오늘날 중동지방에도 우리 사과와 한우고기를 수출하고 있다. 한류열풍 속에 우리 농산물이 인기를 끌고 있다. 중국에 우유·수산물·김치 등 신선식품을 수출할 경우 통관부터 유통업체

마트 진열까지 24시간 안으로도 가능하다. 파프리카 경우도 중국 시장이 본격적으로 형성되지 않아 신시장이나 마찬가지라고 말하는 이들도 많다. 품목에 따라 다양한 전략적 기회를 찾아볼 수 있을 것이다.

전남 장흥에서 파프리카 약 2만 평을 재배하는 김현복 제이앤제이(J&J) 팜 대표는 한중 FTA에 큰 기대를 걸고 있다고 말한다. 공격적인 수출로 중국시장을 이용하겠다는 것이다. 일본 시장은 경쟁이 치열하고 점차 한계에 다다르고 있는데, 반면 중국은 파프리카 시장이 본격적으로 형성되지 않아 신시장이나 마찬가지라는 것이다.

누구나 역경이 닥칠수록 적극적인 사고방식으로 나아가면 길은 반드시 열리게 될 것이다. 열악한 환경에서 피는 꽃이 더욱 아름답듯이 오늘날 우리 농업도 어려운 가운데서 성공을 하게 되면 더욱 큰 영광으로 열매를 맺게 될 것이다.

7. 세상을 바꾸는 관계혁명

요즘 농촌에 귀농·귀촌 붐이 불고 있는데 도시민들이 농촌에 가서 가장 애로를 겪는 것이 마을주민들과의 융화라고 말한다. 처음 낯선 곳에서 살려고 하다 보니 사람관계가 그렇게 소중한 줄 몰랐다고 말하는 이들이 많다.

그런데 지혜로운 사람들은 자신을 낮추고 마음의 문을 열고 다가서면 빠르게 주민들과 화합할 수 있다고 말한다. 겸손함이 보약이고 자신의 이미지를 좋게 만드는 비결이라는 것이다. 넓은 도량으로 처신해 가면 농촌생활도 더욱 풍요로워질 수 있다. 특히 농촌은 공동체의 사회이므로 서로 얼굴을 맞대고 할 일이 많다. 마을의 일이라든지 개별적 농사일을 하다보면 서로 품앗이하면서 도울 일이 많다. 상부상조해야 하는 경우가 많기 때문에 근본적으로 협력적인 태도를 보이는 게 중요하다.

관계를 맺는 것은 삶을 아름답고 풍요롭게 한다고 말한다. 20세기 영국을 대표하는 작가 E. M 포스트는 저서 『하워즈 엔드』에서 가치 있는 인생을 위해서는 "연결만 하라, 그것이 삶의 전부"라고 했다. "삶은 더 이상 흩어진 조각이 아니며, 연결만 하면 둘 다 고상해진다."고 했다. 자신과 사회에 모두 득(得)이 된다는 의미다. 고객과도 좋은 관계가 이뤄지면 단골이 되어 평생이익을 가져올 수 있다. 남녀 간의 만남도 호감으로 발전되면 부부가 되어 행복의 둥지를 튼다. 자연과도 관계를 가지면 정서가 풍부해지고 삶의 여백을 찾게 된다. 결국 연결은 상호 간에 '행복의 총량'을 높이는 역할을 하게 된다.[19] 이처럼 관계의 효능성은 크다는 것이다.

관계는 운명까지 갈라놓는다는 일화가 있다. 신영복 교수가 쓴 『담론』에 아주 교훈적인 내용이 있어 소개해본다.

"선왕이 소를 끌고 지나가는 신하에게 묻습니다. "그 소를 어디로 끌고 가느냐?" "흔종(釁鐘)하러 갑니다." 흔종이란 종을 새로 주조하면 소를 죽여서 목에서 나오는 피를 종에 바르는 의식입니다.

---

19) 박영일, 『무지개를 띄우는 행복마을』, 이담북스, 2011. 51쪽.

소는 제물로 끌려가고 있었던 것이지요. 아마 소가 벌벌 떨면서 눈물을 흘렸던가 봅니다. 임금이 "그 소 놓아주어라"고 합니다. 신하가 "그렇다면 흔종을 폐지할까요?" "흔종이야 어찌 폐지할 수 있겠느냐, 양으로 바꾸어서 제를 지내라"고 했다는 소문이었습니다. 요컨대 소를 양으로 바꾸라고(以羊易之) 지시한 적이 있는가를 확인하는 것이었습니다. 그런 일이 있었다고 하자, 왜 바꾸라고 하셨는지 그 이유를 묻습니다. 벌벌 떨면서 죄 없이 사지로 끌려가는 소가 불쌍해서 바꾸라고 했다는 것이었습니다. 그럼 양은 불쌍하지 않습니까? 양도 불쌍하기는 마찬가지입니다. 그리고 백성들의 험담처럼 큰 것을 작은 것으로 바꾼 인색함 때문이 아니었던 것 역시 분명합니다. 맹자는 선왕 자신도 모르고 있는 이유를 이야기해 줍니다. 여러분은 알고 있습니까?

소를 양으로 바꾼 이유는 양은 보지 못했고 소는 보았기 때문이라는 것이 맹자의 해석이었습니다. 우리가 『맹자』의 이 대목에서 생각하자는 것은 '본 것'과 '못 본 것'의 엄청난 차이에 관한 것입니다. 생사가 갈리는 차이입니다. 본다는 것은 만남입니다. 보고, 만나고, 서로 아는, 이를테면 '관계'가 있는 것과 관계없는 것의 엄청난 차이에 관해서 이야기하려고 합니다. 이 곡속장이 바로 그것을 이야기하고 있습니다. 옛 선비들이 푸줏간을 멀리한 까닭은 그 비명 소리를 들으면 차마 그 고기를 먹지 못하기 때문이라고 합니다."[20] 이처럼 만난 인연이 있느냐 없느냐에 따라 생사의 운명이 갈리게 된다. 사람은 만나면 상대방을 무시하지 못한다. 또 자주 만나면 정이 들게 된다는 것을 알 수 있다. 그래서 정조 때의 문장가

---

20) 신영복, 『담론』, 돌베개, 2015, 106~107쪽.

인 유한준은 "알면 참으로 사랑하게 되고, 사랑하면 참되게 보게 된다[지즉위진애(知則爲眞愛) 애즉위진간(愛則爲眞看)]."고 했다.

관계는 상대의 관심을 얻지 않으면 이루어질 수 없다. 관심을 얻으려면 먼저 상대방의 관심사에 깊은 관심을 보여야 한다. 생산자나 소비자도 마찬가지다. 먼저 관심을 보여주면 관계의 통로가 형성된다. 그게 상호 간에 끈을 튼튼하게 해주는 지름길이다. 중요한 것은 먼저 실행하는 데서 주도권을 쥐게 되는 것이 일반적 현상이다. 전화 한 통이라도 먼저 챙겨보는 게 지혜로운 사람이다.

예전에는 생산의 3요소라고 하면 토지·노동·자본이라고 했다. 하지만 요즘같이 정보비만 시대에는 '관심'이란 자원이 하나 더 포함되어야 한다고 미국 경제학자 토머스 데이븐포트는 말하고 있다. 그래서 이제는 생산의 4요소인 토지·노동·자본·관계로 확장되어야 한다는 것이다. 누구에게서라도 관심을 많이 받게 되면 어떤 산업분야이든지 성장할 수 있게 될 것이다. 우리 농업도 마찬가지다. 뭇 사람들의 관심을 끄는 농촌으로 만들어가자. 관심을 바탕으로 관계를 맺어 한 단계 더 승화시켜 나가보자. 우리 농촌이 한층 더 발전할 수 있는 계기를 마련하게 될 것이다. 그게 바로 관계혁명이기도 하다.

세상은 수많은 나로 이뤄져 있다. 내가 마음을 열고 서로 뭉쳐야 한다. '우리'를 찾아야 한다. 그러면 힘이 생긴다. 세상이 변화되고 더욱 탄탄해질 수 있다. 공자는 "군자는 화합하되 동하지 않고, 소인은 동하되 화합하지 않는다[군자화이부동(君子和而不同), 소인동이불화(小人同而不和)]"고 했다. 군자는 남을 자기처럼 생각하기 때문에 남과 조화를 이루지만 각자에게 주어진 역할을 열심히 수행하므로 부화뇌동하지 않는다는 뜻이다. 그러나 소인은 이익을 좇는 사람이기 때문에 이익을 같이하는 사람들끼리는 함께 행동하지만 남과 조화를 이루지 못한다는 것이다. 아프리카 속담에 '혼자 가려면 빨리 갈 수 있으나 멀리 보면 같이 가야 한다.'고 했다.

또 작가 이지성 씨와 철학자 황광우 씨는 『고전혁명』에서 '관계'를 이렇게 말한다. "관계혁명이라 함은 나와 너, 나와 우리, 나와 세상과의 관계를 이해하고 관계 속에서의 나를 정립하는 일이다. 그렇기에 '나'가 아니라 '우리'라는 인식은 관계혁명의 첫 단추라고 할 수 있다."21)고 했다. 나의 변화가 '관계'라는 연결망 속에 움터 나가면 세상을 바꾸는 커다란 힘이 될 것이다. 자아혁명이 곧 관계혁명으로 이어지도록 노력해 나가보자. 삶은 혼자가 아니다.

---

21) 이지성・황광우, 『고전혁명』, 생각정원, 2012, 124쪽.

Ⅲ

역사에서 묻는
농업의 길

1. 역사는 미래를 찾는 지도

나는 원래 TV 시청을 별로 좋아하지 않는다. 이유는 날이 갈수록 프로그램이 너무 흥미 위주이고, 별로 유익함이 없다는 결론이다. 괜히 시간 낭비라는 생각이 들 때가 많다. 특별한 경우가 아니면 TV를 켜지 않는다. 그런데 매주 일요일 저녁이 되면 KBS TV 1, 「역사저널 그날」 프로그램은 즐겨본다. 역사적 지식을 재미나게 전달해준다는 것에 우선 매력이 간다. 또 숨겨진 사실이나 의미심장한 사건에 감동할 때도 많다. 당시 배경까지 상세하게 들려주니까 더욱 재미가 난다. 나에게는 아주 좋은 역사 공부시간이기도 하다. 그래서 오랫동안 계속되고 있는 이 프로그램을 웬만하면 놓치지 않으려고 한다.

이 방송 프로그램에서 아직도 나의 뇌리에 생생하게 남아 있는 것이 <삼배구고두례(三拜九叩頭禮)>이다. 전쟁에서 패하게 되면 상상 이상의 치욕스러운 수모를 겪어야 된다는 것, 생각만 해도 끔찍하다. 청나라가 1636년 12월에 조선을 침략하였다. 준비가 안 된 가운데서도 전략적으로 무능한 조선은 불과 두 달 만에 항복하였다. 1637년 1월 30일, 남한산성에서 피신하였던 인조 임금은 내려와 삼전도(서울시 송파구 삼전동 석촌호수 부근)에서 청나라 황제

홍타이지에게 땅바닥에 머리를 찧으며 절 <삼배구고두례(*무릎을 꿇고 1번 절을 할 때마다 머리를 3번 조아림. 3회에 걸쳐 총 9번 실시)>를 행하며 항복 의식을 하였다. 정말로 굴욕적인 모습이었다. 오랑캐에게 무릎을 꿇은 치욕의 날이었다. 항복 이후 조선은 청과 군신관계를 맺고 청나라의 조공국이 되었다. 많은 황금·백금·은·동물가죽·명주·모시·인삼·쌀 등을 전쟁 배상금 명목으로 갖다 바쳐야 했다. 무엇보다 조선인 60만 명이 청나라로 끌려가 노예가 되는 민중의 수난사가 시작되었다. 그중 부녀자들이 20만 명 정도가 된다고 한다. 사회적 피해가 유례없이 막심하였다. 이를 보면 전쟁에서 패해서도 안 되며, 나라를 지켜가는 게 얼마나 소중한 것인지 뼈저리게 느낄 수가 있다.

역사를 공부하면 통찰력이 생긴다고 말한다. 과거를 읽고 미래로 나아갈 방향을 찾게 된다. '멀리 되돌아볼수록, 더 먼 미래를 볼 수 있다'는 것이다. 미래를 예측하는 능력이 뛰어난 현대 경영학의 아버지 피터 드러커, 2차 세계대전의 영웅 윈스턴 처칠 등은 평소에 역사서를 즐겨 읽었다고 한다. 유가와 도가의 많은 책을 두루 섭렵하여 탁월한 능력을 갖추게 된 제갈량도 마찬가지다. 남다른 통찰력을 갖춘 자들은 동서고금을 막론하고 주된 공통점이 역사서를 애독한다는 것이다.

또 역사는 인간이 어떻게 살아왔는가를 살펴보고, 또 어떻게 살아갈 것인가를 들여다보는 활동이다. 사실 인류사회의 변천과 흥망의 과정을 살펴보는 것은 더없이 흥미롭기도 하다. 조그마한 마을 단위의 역사를 봐도 흥미로움을 느낄 때가 많다. 마을에 담긴 유래, 전통문화와 풍습, 삶의 변천사, 대소사에 얽힌 사건 등 재미나는 이야깃거리가 많다. 어쩌면 이게 미래사회에서 재화(財貨)가 될 수도 있다. 재미나는 스토리로 엮을 때 그렇다는 얘기다. 농촌의 깨끗하고 아름다운 유형적 자원뿐만 아니라 마을역사를 비롯한 인문학적 무형적 가치가 잘 융화될 경우 그 마을의 가치는 더욱 빛나게 될 것이다.

각 개인의 역사를 보더라도 사람의 본질과 특성을 관찰해볼 수 있다. 곧 역사란 인간 삶의 흐름이라고 말한다. 흐름에는 원인이 있고 결과가 있다. 그 원인과 결과를 잘 파악하는 것도 중요하지만 그 이면을 파악할 수 있는 혜안을 가지도록 노력해야 한다. 늘 '왜?'의 질문으로 역사를 들여다보면 역사적 가르침은 더욱 값진 것이 될 것이다. 왜 그런 일이 일어났는지? 왜 그렇게 행동했는지? 왜 실패했는지? 등 사안에 따라 그 원인을 파악하면 교훈적 가치를 발견하게 될 것이다. 미래를 예측하는 능력도 향상될 것이다. 이게 역사 공부의 큰 의미라고 여겨 본다.

우리가 늘 가까이하고 있는 식물의 역사를 봐도 흥미로운 것이 많다. 작가 최문형 씨가 쓴 『식물처럼 살기』에서 이렇게 밝히고 있다.

"세계에서 가장 오래된 나무는 미국 캘리포니아 주 화이트마운틴에 사는 브리슬콘 소나무로 2017년 현재 4,848세가 되었다고 미국 정부가 자랑스럽게 발표했다. 하지만 이 나무를 보호하기 위해 정확한 위치 정보는 차단해 두었다. 이 나무에는 '므두셀라'라는 이름이 붙었는데, 이는 969살을 살았다는 성서에 나온 노아의 할아버지 이름이다.

인도의 벵갈 고무나무 중에는 9,500L의 물을 몸 안에 저장하며 천 년도 넘게 사는 것들이 있다. 또 수천 개의 기둥 모양을 한 지지

근들이 거대한 나뭇가지들을 떠받치고 있어서 나무 한 그루가 수천 평의 땅을 뒤덮는다. 알렉산더 대왕이 벵갈 고무나무 한 그루 아래에서 7,000명의 병사와 함께 야영을 했다고 하니 어마어마한 크기이다.

미국 세쿼이아 국립공원에는 자이언트 세쿼이아가 숲을 이루고 있는데, 이 나무들도 나이가 3,000에서 4,000살로 추정되며 키는 100m를 훌쩍 넘는 것도 있다."[1)]

또 "너도밤나무나 참나무는 보통 400~500년을 사는데 150년 정도 잘 자라면 안정적인 여생을 지낸다."고 한다. "이끼들이 작다고 하면 안 된다. 이끼 중에는 100년 동안에 키가 몇 mm밖에 자라지 않는 것들도 있어서 나이를 가늠하기 힘들다."고 말한다.

이처럼 장수하는 나무나 풀을 보면 역시 식물들은 지구에서 생명의 근원이고, 장수의 화신이라는 것을 알 수 있다.

한국의 역사를 꿰뚫고 있는 일본인

2014년 9월 24일, 일본 농촌지도자 두 명이 한국을 방문하였다. 도착한 첫날 나는 서울 명동에 있는 세종호텔에서 그들을 반갑게 만났다. 그중 한 명인 오하시 마사유키 씨는 당시 2년 전 내가 일본에 갔을 때 본 낯익은 얼굴로 단번에 기억이 났다. 이들은 2박 3일 동안 우리나라를 관광할 목적으로 오게 되었는데, 나와의 미팅도 그들 일정에 포함되어 있었다.

오하시 마사유키 씨는 내가 일본에서 실시한 강의가 하나의 인연이 된 셈이다. 2012년 2월 27일, 나는 일본 기후 현(岐阜県)에 있는

---

1) 최문형, 『식물처럼 살기』, 사람의 무늬, 2017, 190~191쪽.

기후 시에서 일본 농촌지도자들을 대상으로 강의한 적이 있었다. 기후 현 현청(県庁) 단위에서 주관하는 행사로 인해 규모가 컸다. 이날 일본 농촌발전 모습의 전시회도 겸해 많은 사람이 붐비기도 했다. 대회의장에 5백여 명이 자리를 차지하고 있었다. 나의 강의에 앞서 기후 현 청장이 나를 직접 소개해 주기도 했다. 청장은 나의 저서 『무지개를 띄우는 행복마을』을 청중들에게 들어 보이며 일본에서도 이런 책이 출판되어야 한다며 나를 치켜세워주기도 했다. 이날 2시간에 걸친 나의 강의는 내 인생 이력서에 크게 남길 만한 자랑스러운 역사적 장면이기도 했다. 강의 주제는 '일사일촌 자매결연을 바탕으로 한 농촌발전 활성화전략'이었다.

외국에서 강의초청을 받는다는 게 보통 어려운 일이 아닌데, 그런 기회가 나에게 왔다는 것이 영광스럽지 않을 수 없었다. 일본에서 최초 강의초청은 2011년 12월에 시즈오카 현(静岡県)에서 초청을 받아 강의한 적이 있었다. 이때도 역시 일본 공무원과 농촌지도자들 약 5백여 명 정도가 참석해 대성황을 이루기도 했다.

이런 인연으로 한국을 방문한 오하시 마사유키 씨는 내가 일본에서 두 번째 기회로 기후 현에서 강의할 때 청중으로 참석한 사람 중 한 사람이었다. 퍽 인상적인 나의 강의에 매료되어 한국에서 한번 보고 싶은 마음이 생겼다고 말했다. 오하시 마사유키 씨는 당시 기후 현 하네시마스의 '소수영농조합'의 부조합장 직책을 맡고 있었다. 농촌발전을 위해 아주 적극적인 활동을 많이 하고 있다고 하였다. 일본 농촌이 발전하지 못하면 일본이라는 나라가 무너진다는 심정으로 농업·농촌의 발전에 남다른 애정을 갖고 열심히 근무하고 있다고 말했다.

그들의 역사의식이 대단하다고 느낀 것은 오하시 마사유키 씨와 함께 온 동료 카지타 신이치 씨였다. 그 둘 사이는 일본에서 같은 지역에 거주하는 친구이다. 카지타 신이치 씨는 고등학교에서 역사를 가르치다가 2011년도에 정년으로 은퇴하였다. 그는 우리나라 한국사에 대해서도 아주 많이 알고 있었다. 그와 대화를 나누던 중 특히 백제시대 일본에 학문을 전해 준 왕인 박사, 조선 성리학의 기초를 세운 퇴계 이황 선생, 조선시대 도덕적 카리스마로 널리 알려진 우암 송시열 선생에 대해 관심이 많았다. 우리나라의 위대한 분들에 대해 그는 존경심을 표하기까지 했다. 내 가슴은 뿌듯했지만 나보다 외국인인 그가 더 많이 알고 있다는 것에 부끄러운 마음을 금치 못했다. 그는 다음날 경상북도 안동에 있는 퇴계 이황 선생을 기리는 도산서원을 방문하는 현장답사의 계획을 세워놓기도 했다. 그들의 투철한 역사의식에 대해 놀라지 않을 수 없었다. 역사와 관련해 인상 깊게 느낀 이들과의 만남은 잘 잊히지 않을 것 같다.

　역사는 인류가 수천 년간 쌓아온 빅 데이터이기도 하다. 거기에는 인과응보의 논리가 담겨 있다. 역사는 삶을 깨닫는 분야이다. 그래서 역사는 삶의 교훈이라고 말한다. 역사는 지나온 세월의 거울에 비추어 자신을 반성하고, 나아갈 바를 살피는 나침반 역할을 해 준다. 과거의 실수를 반복하지 않기 위해서라도 역사 공부는 우리에게 많은 도움이 될 것이다. '역사를 잊는 자에게는 미래가 없다'고 했다. 또 '역사는 미래를 찾는 지도'라고 말한다. 독립운동가 신채호 선생은 "영토를 잃은 민족은 재생할 수 있어도, 역사를 잃은 민족은 재생할 수 없다"고 했다. 과거·현재·미래는 단절된 것이 아니라 연속적이라는 것, 우리는 역사의식에 더욱 투철한 민족이 되어야 한다.

2. 농업역사에 묻힌 이야기

2017년 1월, 나는 경상남도 함양군에 보름 동안 머물면서 새해를 맞아 농업인에 대한 의식전환교육을 시행하였다. 함양군청 주관으로 읍면별로 순회하면서 농촌지도자들을 대상으로 시행하는 교육이었다. 당시 임창호 군수와 함께 11개 읍면을 순회하면서 각 지역의 농촌지도자들에게 강의를 하였다. 그 덕분에 함양군 관내 곳곳을 두루두루 돌아다볼 수 있는 좋은 계기가 되었다.

함양은 지리산 자락에 위치해 청정자연지역이기도 하지만 선비의 고장이기도 하다. 예부터 함양은 한양 도읍지에서 볼 때 '좌(左) 안동, 우(右) 함양'이라 불리어온 영남의 대표적 선비고장으로 역사를 통하여 훌륭한 인물이 수없이 배출되었다고 한다. 그중 한 분이 바로 조선시대 성리학을 대표하는 동방오현 가운데 한 사람으로 추앙받았던 일두 정여창 선생이다. 나는 이때 정여창 선생이 태어난 함양군 지곡면 개평마을을 방문하기도 했다. 그날이 바로 지곡면사무소에서 강의가 있었던 날이다. 오전에 강의가 끝나고 점심 식사 후에 이 마을을 둘러보았다. 일두 선생의 고택을 비롯해 수백 년 동안 대물림해온 유서 깊은 고택이 즐비하였다.

또 그분의 학식을 높이 인정받아 임금으로부터 직접 하사받은 사액서원인 남계서원을 찾아가 보기도 했다. 남계서원은 개평마을에서 그리 멀지 않았다. 정여창 선생은 그곳에서 오랫동안 후학들을 양성하기도 했다. 그런데 이분의 호가 일두(一蠹)라는데 큰 의미가 담겨 있다고 말한다. 일두는 한 마리 벌레라는 것이다. 그만큼 자신을 낮추는 대단한 겸양의 미덕을 지녔다고 문화해설가는 설명하였다. 실제로 세조의 특명으로 그분은 의주판관에 임명되었으나 사양하기도 하였다.

역사문화를 탐방해보면 이런 깊은 인문학적 숨은 뜻이 곳곳에 스며있다는 것을 알 수 있다. 이런 숭고한 정신을 우리는 삶의 지혜로 삼아야 할 것이다. 이게 바로 역사를 통한 인문학적 공부라고 할 수 있다.

흔히들 역사는 미래를 비추는 거울이라고 말한다. 자동차로 치면 '백미러' 같은 역할이다. 자동차를 운전할 때 '백미러'를 봐야만 좌회전, 우회전이 가능하다. 역사를 바탕으로 미래로 나아가는 길을 가늠해 볼 수 있다는 얘기다. 역사적 관점의 가치는 역사적 변화의 사실을 보고 거기에 자신만의 철학과 가치를 부여하여 미래 방향과 어떻게 연결시켜 나가는 것이 중요할 것이다. 우리 농업에 대한 역사의식도 가져야 한다. 인류역사에서 생명산업의 근간인 우리 농업이 어떻게 흘러왔는가를 되새겨 봐야 한다.

내가 농협에 근무할 때, '농업인의 날' 행사를 준비하기 위하여 동분서주한 적이 많았다. 그 업무를 담당하는 부서에 근무하였기 때문이다. 산업화의 발달로 농업의 중요성이 잊혀 가는 시대적 흐름에서 더욱 의미 있게 보내기 위해서라도 이 행사를 철저히 준비하곤 했다. 대국민 홍보 차원에서도 '농업인의 날' 행사는 더욱 의미가 있다.

'농업인의 날'의 의미에 대해서 환경농업연구원 김정호 원장은 이렇게 말하고 있다. "농업인의 날을 11월 11일로 정한 배경은 '삼토(三土)'정신 때문이다. 삼토(三土)는 농민이 흙에서 태어나 흙과 더불어 살다가 흙으로 돌아간다는 의미다. 한자의 흙 토(土)자는 십(十)과 일(一)자가 결합된 것이므로 이를 아라비아 숫자로 바꾸면 11이 된다. 1년 중 11이 두 번 겹치는 11월 11일, 그리고 11시에 기념식을 시행함으로써 삼토(三土)정신이 완성되는 셈이다.

삼토정신으로 농업인의 날 행사를 처음 시작한 곳은 강원 원주로 알려졌다. 강원 원성군(현 원주시) 농사개량구락부연합회(현 농촌지도자연합회)는 1964년 11월 11일 전국 최초로 '농민의 날' 행사를 개최했다. 원주는 농업인의 날 최초 발상지답게 해마다 11월 10일부터 12일까지 3일간 '삼토문화제'를 개최하고 있다. 원주시민들을 대상으로 농업의 가치를 소개하고, 소비자가 함께 농업을 체험할 수 있는 다채로운 행사를 펼치고 있다."[2]

이처럼 '농업인의 날'의 의미를 우리 국민이 널리 인식하고 농업의 중요성을 거듭 깨닫는 기념일이 되어야 한다. 또 이날은 우리 농업인들이 축제의 장이 되어야 한다. 신바람 나는 풍류의 음악 소리가 흘러 넘쳐나고 축포를 터뜨려야 한다.

우리 농업의 초창기 역사를 보면 철기농기구와 소로 농사짓는(우경·牛經) 것에 의해 생산력이 무척 증가했다고 말한다. 농사 규모가 작더라도 필요한 갖가지 농기구가 있으면 농작업의 효율성이 아주 높다. 또 내가 어릴 적에 부모님께서 소로 농사를 짓는 것을 보면 역시 소(牛)의 힘이 대단하다는 것을 느꼈다. 논갈이 밭갈이를 큰 소 한 마리가 묵묵하게 다 해내는 것을 보면 정말 가관이었다. 그저 소에게 감사할 따름이었다.

---

2) 환경농업연구원장 김정호, 『농민신문』, 2017.11.10.

철기농기구와 우경(牛經)이 농업역사에 기여한 점에 대해 작가 공원국 씨가 말하는 내용을 보면 이렇다.

"고대 그리스가 눈부신 문명을 이룩할 수 있던 이유를 요약해 보면 두 가지입니다. 철기를 농사에 사용하면서 생산력이 급등하고 잉여가치가 확대됐다는 게 첫 번째고요. 문자의 확산으로 시민의 교양이 높아지고 지적 문화가 성숙했다는 게 두 번째입니다. 물질적 성장에 걸맞은 정신적 성숙을 이루면서 찬란한 문명이 꽃피었던 거죠. 중국도 마찬가집니다. 히타이트의 멸망과 함께 서쪽으론 도리아인이, 동쪽으론 유목민족인 스키타이가 철기를 전파합니다. 중국에서 철제 농기구가 확산된 건 춘추시대의 일입니다. 농사에 철을 사용하면서 '우경(牛耕·소를 농사에 이용하는 것)'이 가능해졌고, 이는 생산성을 크게 높였습니다. 특히 제(齊)나라의 명재상 관중은 철의 사용량을 늘리며 기술혁신을 주도했죠. 생산성이 높아지고 나라의 재정이 튼튼해지면서 제나라는 춘추시대의 패권국가로 부상합니다. 관중이 설계한 국가의 체제와 사회 시스템은 춘추시대, 나아가 중국역사의 글로벌 스탠다드가 됐다고 설명합니다. 다른 나라들도 철제 농기구와 우경을 확대하며 높은 생산성을 갖게 됐고, 상업의 발달로 다양한 문물이 교류하며 춘추시대는 황금기를 맞이합니다."[3] 이를 보면 우경과 철기문화가 농업생산성 증대와 인류문명의 발전에 크게 기여하였다는 것을 잘 알 수 있다.

영농을 해 나가는 데는 늘 생산성 향상을 어떻게 할 것인가를 고민해야 한다. 오늘날 현대 농업경영이 더욱 과학화되고 스마트한 모습으로 변모해 나가고 있다. 더욱 첨단화되고 있는 ICT농업에

---

3) 작가 공원국, 『중앙일보』, 2018.2.23.

대해서도 활용방안을 고민해보면 생산성 향상에 많은 도움이 될 것이다. 이게 바로 역사의 흐름에 따른 시대적 과제이기도 하다.

보리개떡으로 동네 한 바퀴 자랑

세종대왕은 농업인들이 편안하고 쉽게 농사를 지을 수 있도록 『농사직설』을 편찬하여 보급하였다. 종래에는 중국의 농서에만 의존해 왔다. 중국의 양쯔강 남쪽의 농사법의 내용을 담은 『농상집요』를 활용하여 농사를 짓다 보니 우리나라 실정에 맞지 않는 것이 많았다. 그래서 세종대왕은 풍토에 따른 농법의 차이를 고려하여 각 도(道) 농부들의 경험을 토대로 우리나라 기후 풍토와 조선의 실정에 알맞은 농법을 저술하게 되었다. 1429년에 편찬한 『농사직설』의 보급으로 우리 실정에 맞는 농사법이 가능하게 되어 수확량이 늘었다.

벼는 세계 인구의 반 이상이 주식으로 이용할 정도로 곡물 중에서도 가장 으뜸이라고 할 수 있다. 한반도 벼농사의 기원에 대해서 민속학자 이소라 씨는 "현재까지 발굴된 재배 벼의 유적지로는 중국 절강성 항주만의 황해 해안에 위치하는 하모도(河姆渡)가 가장 오래되었던 바, 그 탄화미는 지금으로부터 7천 년 전인 B.C. 50세기경의 자포니카(Japonica : 한국, 일본의 주식)와 인도니카(Indonica : 인도, 베트남 등지의 주식)인 것으로 판명되어져 있다."[4]고 말했다. 또 자포니카는 황하유역과 같이 연평균 기온이 섭씨 16도 이하에서, 인도니카는 장강(하류의 양자강 포함)유역의 이남과 같이 연평균 기온이 섭씨 17도 이상인 곳에 주로 분포되어 있다고 전했다.

---

4) 이소라, 『농요의 길을 따라』, 밀알, 2001, 40쪽.

우리 한반도에서는 1991년 5월 경기도 김포시 통진면에서 기원전 2100년경으로 추정되는 자포니카 볍씨가 발견되었다. 1991년 6월에는 경기도 고양시 일산, 신석기 토층에서 이보다 앞선 기원전 2300년경의 자포니카 볍씨가 발견되었다. 1998년 4월, 충청북도 옥산면 소로리 구석기 유적에서는 방사선 탄소 연대 측정으로 1만 3000년~1만 6000년이 나오는 볍씨 11톨을 포함, 고대 벼와 유사 벼 59톨이 출토되었다.[5] 야생 벼는 적어도 10만 년 전 것으로 추정하기도 한다. 또 볍씨 역사에 대해 신영만 교수는 "한반도에서 발견된 가장 오래된 쌀은 약 1만 5000년 전의 것으로, 충북 청주에서 발견된 '소로리 볍씨'다. 소로리 볍씨는 야생종과 재배종의 중간 형태로 직접 재배한 흔적은 없다. 한반도에서 최초로 재배된 벼는 경기 고양에서 발견된 '가와지 볍씨'다. 가와지 볍씨는 5700년 전의 종자로 밝혀졌다."고 말했다. 이렇듯 우리 민족은 5000년 넘게 쌀을 식량으로 사용해왔다고 볼 수 있을 것이다.

하여튼 우리 민족에게 쌀은 삼국시대를 거쳐 통일신라시대에 주곡이 됐다. 고려시대에 쌀 증산에 힘을 기울여 쌀을 주식으로 먹는 것이 일반화됐다. 그러나 당시 쌀은 화폐로도 사용될 만큼 생산량이 적어 백성 다수가 쌀밥을 먹기엔 턱없이 부족했다. 조선시대 중기 이후에야 비로소 더욱 많은 사람이 쌀로 지은 밥을 먹을 수 있었다."[6] 쌀의 부족은 내가 어린아이였을 때도 마찬가지였다. 쌀밥을 먹는다는 게 얼마나 힘들었던가. 쌀밥을 먹는 날에는 기쁨이 넘쳐흐르는 하루

5) 왕웨이, 『손에 잡히는 중국역사의 수수께끼(대산인문과학총서4)』, 박점옥 옮김, 대산, 2001, 139쪽.
6) 신구대학 교수 신영만, 『농민신문』, 2017.11.17.

의 기분을 맞이하곤 했다. 우리 몸은 쌀의 정기로 이루어졌다고 말하기도 한다. 그만큼 쌀은 우리 몸과 정신을 형성해주는 DNA라고 볼 수 있다. 쌀의 소중함에 더욱 진지한 의미를 가져보자.

우리가 가난했던 시절을 회고해보면, 배고픔으로 삶을 이어갔다. 세월이 좀 흘렀지만 나는 어린 시절의 그 장면을 생생하게 기억하고 있다. 늘 보리밥, 국수, 밀기울로 만든 죽으로 끼니를 때웠다. 나의 어머니께서 어쩌다가 보리개떡을 하나 만들어주면 그것을 들고 온 동네 다니면서 친구들에게 자랑까지 했다. 세상을 나를 정도로 어찌나 기분이 좋은지 몰랐다. 아주 아득한 옛날이 아닌데도 오늘날 우리는 그 시절을 까맣게 잊은 듯 살아가고 있다.

원래 농업을 말하는 '농(農)'자도 쌀의 농사를 기원한 데서 착안했다고 여겨진다. '농(農)'의 의미에 대해서 불교민속학자 조용헌 씨는 다음과 같이 말하고 있다.

"평야지대의 고대 신은 용(龍)이었다. 용이 비를 내리게 해주는 신이었기 때문이다. 쌀농사를 지으려면 물이 반드시 필요하다. 쌀농사를 짓는 논(畓·답)은 '물(水)' 밑에 '밭(田)'이 있는 것이다. 모내기를 할 때 비가 오지 않으면 굶어 죽는다. 비를 주관하는 우신(雨神)이 바로 용이라고 생각했다. 십이지(十二支)에서도 용을 상징하는 게 진(辰)이다. 진은 물이 섞인 질퍽질퍽한 흙에 해당한다. 모내기할 때 질퍽한 논인 진이다."[7]

이를 보면 농업의 기원도 쌀농사부터 시작됐다고 여겨진다. 논농사는 생태계를 보존하고 수자원을 정화시키는 다양한 기능도 있지만

---

7) 건국대학교 석좌교수 조용헌, 『농민신문』, 2017.11.6.

생명산업의 근원을 유지해 나간다고 생각해볼 수 있다.

농업! 인류의 역사와 함께 동고동락하면서 맥을 이어왔다. 농업 없이는 인간의 생존 자체가 있을 수 없다. 그래서 '농자천하지대본(農者天下之大本)'이라고 늘 말하고 있다. 세상일에는 항상 기본이 제일 중요하다는 것을 잊지 말아야 한다.

농사짓는 흙을 만드는 데는 200여 년이라는 세월이 필요하다고 한다. 우리 농토가 한번 망가지면 거의 복구할 수 없다는 뜻이기도 하다. 무조건 개발만이 능사가 아니라 긴 호흡으로 우리 민족의 명을 이어갈 생명산업에 대해 다시 한 번 생각해 봐야 할 것이다.

3. 우주 만물은 변화의 길을 걷는다

나의 아버지가 생존해 계셨을 때 명절이나 제사 때 입는 옷은 항상 흰 두루마기였다. 왜 항상 흰 색깔일까? '백의민족'이라서 그런가? 이런저런 생각을 해보았다. 나중에 알고 보니 흰 색깔의 의미는 하늘을 존중하고 자연을 사랑한다는 것이었다. 즉, 백색은 빛의 색이고 태양을 상징하기 때문에 우리 조상들은 빛, 태양, 하늘을 숭배하는 사상의 실천으로 흰옷을 입었다고 한다. 그래서 흰색은 자연과 동화된 색이라고 여겨졌고 이는 채색을 금하고 흰색을 좋아하는 사고방식으로 발전하였다고 한다. 우리가 농경민족의 후손이기 때문에 이런 전통이 생기지 않았나 생각을 해 보았다. 늘 하늘의 뜻과 자연의 이치를 중요하게 여겨야 한다는 게 우리 고유의 풍습이기도 하다. 이런 옛 전통문화도 이젠 많이 변화하였다. 세월의 변화 탓이다.

나는 농촌시골마을에서 유년기를 보냈다. 부모님께서는 농업을 천직으로 삼아 항상 날이 밝으면 곧장 들로 나가셨다. 춘하추동 사계절도 마찬가지였다. 겨울에는 조그마한 사과농장에서 전지작업을 하곤 했다. 또 한 동의 비닐하우스에서 겨울 채소를 기르기도 했다. 잠시도 그냥 있지 않은 삶의 모습이었다. 늘 한결같이 농사일에 온갖 정성을 기울이시는 것을 보면 '근면', '성실' 등 일상적 단어로 함축하기에는 부족함이 많은 듯 느껴졌다. 오로지 농사일에 일념하면서 한평생을 보내셨다. 그 덕분에 자식들이 공부하고 세상을 살아가는 힘을 얻게 된 것이라고 여겨본다.

나는 나름 바쁜 일정으로 시골농장에 자주 가지는 못하지만 갈 때마다 자연이 변화하는 모습을 새롭게 느낄 수 있다. 결국 기후와 계절의 변화에서 농작물이 자라고 결실을 맺게 된다는 사실이다. 이런 농촌의 자연변화를 보면서 '변화' 그 자체는 곧 에너지 생성의 원천이 된다는 것을 알 수 있다.

세상은 끊임없이 변한다는 사실이다. 공자는 "어떤 사물이라도 극(極)에 이르면 반드시 되돌아간다[물극필반(物極必反)]."고 했다. 달도 차면 기운다는 것이다. 우주 만물은 변화의 길을 걷기에 거기에 대응해야 한다는 것이다. 고전『주역(周易)』에 '궁하면 변하고, 변하면 통하고, 통하면 오래간다[궁즉변 변즉통 통즉구(窮卽變 變卽通 通卽久)]'는 말이 있다. 곱씹을수록 말의 의미가 더해지는 맛이 난다. 많은 고전에서 변화를 이야기하고 있지만 유독『주역』을 '변화의 고전'이라고 일컫는 이유는『주역』이 변화의 본질에 대해 이야기하고 있기 때문이다. 이는 순환적 세계의 변화에 관한 원리를 기술한 책이다. '주역'을 줄여서 '역(易)'이라고 부르기도 하는데, '역(易)'이라는 한자의 뜻이 '바뀌다'라는 점에서도 알 수 있듯이 끊임없이 변화하는 세상을 어떻게 살아야 할지를 알려주는 책이다.

이처럼 역(易)의 본질은 세상의 물질은 변한다는 것이다. 즉, 모순과 조화의 과정은 끊임없이 '생기고 생기는(生生)' 것이다. 만물은 흐르고 결코 머물지 않으며, 생성과 소멸을 반복한다는 것은 그리스의 '만물유전사상'과 닮았다고 한다. 그렇다면 세상사 일희일비(一喜一悲)할 이유가 없다는 것이다. 한번은 음(陰)이고 한번은 양(陽)인 것이 바로 도(道)라고 했다. 세상이 본디 변화무쌍하다면, 차라리 변화를 길(吉)로 삼고 변화가 없음을 흉(凶)으로 보아 대처하는 게 삶의 지혜라고 의미를 부여했다.

또 동양철학에서 말하는 '음양오행설'의 원리를 보면 세상의 현상은 늘 변화하게 된다는 사실이다. 밤이 되면 또 낮이 되고 사계절의 변화도 마찬가지다. 인간도 생(生)·로(老)·병(病)·사(死)의 원리에 따라 삶의 순환성을 따르게 된다. 모든 현상이 음과 양이 확장하고 소멸함에 따라 나타나게 된다는 것이다.

도시와 농촌도 음양의 논리에 따라 순환된다고 본다. 나는 농업이 다시 세상의 중심으로 등장할 것이라는데 믿음을 갖고 있다. 산업화가 진전될수록 자연 친화적 인간적 삶이 더욱 각광을 받는 시대로 반전될 것으로 추측하고 있다. 농업이란 생명산업은 자연 생태계를 이어가게 하는 중추적 역할을 하고 있다. 농업이 산업의 기본으로 다시 돌아가는 그런 세상이 반드시 오리라는 신념을 갖고 있다.

우리는 모든 일에 변화의 흐름을 감지하고 이에 대응해 나가야한다. 끊임없이 변화하는 세상에는 유유자적할 것이 아니라 역동적으로 대처해 나가는 길밖에 없다. 그게 빨리 반전할 수 있는 계기를 마련하게 된다. 이 땅에 영원한 승리는 없다고 했다.『손자병법』에서 보면 '오행무상승(五行無常勝)'이란 말이 나온다. 이는 오행의순환원리에 따라 승리나 패배가 영원하지 않다는 것을 의미한다.여기에서 손자는 영원한 승자로 남기 위한 전략으로 '응형무궁(應形無窮)의 원칙'을 제시한다. 늘 상황에 맞추어서 무한히 변화하라는 것이다. 곧 변화만이 승자가 될 것이라는 얘기다. 역사의 흐름에뒤처지는 국가와 민족은 결국 사라진다는 사실이다.

변화는 곧 발전과 성숙으로 이어진다고 볼 수 있다. 작가 로버트그린은 자연변화의 위력에 대해 다음과 같이 그 의미를 나타내고있다. "중국의 지도자 마오쩌둥은 시골마을에서 자랐다. 그는 성장하면서 고대 중국의 도교가 지향하는 가치에 빠져들었다. 도교에서는 변화를 자연의 본질로 보고 변화에 따르는 것을 모든 힘의 원천이라고 여겼다. 도교에서는 부드러움을 갖춰 무언가에 맞출 줄 아는 것이 종국에는 더 강해지는 길이다."[8] 이는 '변화의 원리'를 깨닫고 거기에 따르는 자만이 승자가 된다는 것을 알 수 있다.

세상에 '안정'은 없다고 말한다. 진정한 안정은 세상 변화에 자신을 적응시키는 것이다. 경영컨설턴트 한근태 씨는 "안정이란 유토피아와 같다. 있는 것 같지만 사실은 존재하지 않는다. 세상은 끊임없이 변한다. 세상은 계속 변하는데 안정은 존재할 수 없다."[9]고

---

8) 로버트 그린,『50번째 법칙』, 안진환 옮김, 살림Biz, 2009, 128쪽.

9) 한근태,『한근태의 재정의 사전』, 클라우드나인, 2018, 179쪽.

했다. 즉 유토피아란 말은 세상에 없는 곳이란 의미를 강조하고 있다. 그런 면에서 진정한 유토피아는 변화 속에 실현되어 가는 것이라고 믿고 싶다.

결국 생존과 발전의 길은 변화하는 세상 속도에 맞춰 자신을 변화시키는 것이다. 미끄러운 길에서는 미끄럼을 타는 것이 걷는 것보다 안전하다. 세상 변화를 따라잡기 위해서는 끊임없이 자신을 바꾸어야 한다. 새롭게 변화하면 기(氣)가 충전되어 활력의 에너지가 탄생한다. 변화는 곧 에너지의 원천이 될 수 있다. 변화해야 생존하는 자연의 원리처럼 우리 인간도 늘 변화해 나가야 한다는 것을 하나의 숙명처럼 여겨보자.

4. 농업을 소홀히 한 문명은 다 사라졌다

우리는 농업의 중요성에 대해 근본적인 질문을 던지며 자문자답해 보아야 한다.

국내총생산(GDP)의 2% 정도에 지나지 않는 작은 산업인 농업의 존재 이유는 무엇인가? 농촌인구가 5% 정도도 채 되지 않는데 왜 농업인을 더욱 보호해야 한다고 하는가? 수입농산물이 값싸고 품질이 좋을 수도 있는데 왜 굳이 우리 농산물 애용을 주장해야 하는가? 해외관광을 하면 좋은 곳도 많은데 왜 농촌관광이 무슨 의미가 있다고 하는가? 농촌인구는 감소하는데, 왜 국회의원 선출 숫자도 농촌지역 범위를 기준으로 정해야 한다고 주장하는가? 농업·농촌을 위해 왜 엄청난 공직자 유지와 연간 수십조 원의 예산투입이 왜 필요한가? 농업인 후계자들을 위해 왜 국가의 적극적인 지원 대책이 필요하다고 하는가?

이와 같은 질문을 놓고 보면 답변의 저변에는 농업·농촌은 그 어떤 것보다도 대체될 수 없는 무한의 가치가 담겨 있다고 볼 수 있을 것이다. 농업에 깊은 애정을 가져야 한다는 것에는 다 그만한 이유가 있다. 이는 인류역사의 교훈적 경험에서 체득한 것이라고 볼 수 있다.

흘러온 인류역사의 면면을 보면 농업의 중요성을 느끼지 않을 수 없다. 그래서 선진국에서는 농업을 모든 산업 중의 가장 근간으로 챙기고 있다. 정책의 우선적 순위에 두고 농업을 보전하기 위해서 직불제 보전 등 국가적 지원을 아끼지 않고 있다. 농업에 대한 생각의 높이를 가져야 한다. 멀리 나아가려면 높이 보지 않으면 안 된다. 농업은 필수불가결한 산업이라는 것을 분명히 인식해야 한다. 농업의 중요성에 대해서는 그야말로 처절한 자각의 인식이 필요하다.

농업을 역사적 관점에서 볼 필요성이 있다. 역사는 교훈적 사실을 깨우쳐준다. 인류역사를 보더라도 농업의 중요성은 여실히 증명되고 있다. 그래서 역사 공부는 삶에 피가 되고 살이 된다는 것이다. 미래를 가늠하는 자(尺)는 바로 역사이기 때문이다.

엄연한 사실은 농업을 소홀히 한 지역이나 국가는 여지없이 멸망하고 말았다. 농업을 홀대해서 뼈저린 역사적 아픔을 준 교훈에 대해 케이웨더 기후산업연구소 반기성 소장이 말한 것을 중심으로 정리해 보면 이렇다.[10]

---

10) 케이웨더 기후산업연구소장 반기성, 『농민신문』, 2016.10.7.

▷ 메소포타미아 문명이 만들어진 티그리스 강과 유프라테스 강 사이에 '아카드(Akkad)'라 불리는 도시국가가 있었다. 강력한 고대국가였던 아카드 제국이 어느 날 갑자기 역사에서 사라졌다. 아무런 기록도 남지 않았다. 아카드 제국의 멸망은 역사가들에게 미스터리였다. 1993년 고고학자와 지질학자·토양과학자로 이루어진 미국과 프랑스의 공동 연구팀이 연구에 나섰다. 연구팀은 폐허가 된 아카드 제국의 도시에서 토양의 수분을 최첨단 과학기법으로 분석했다. 그 결과 지금부터 4200년 전부터 약 300년 동안 건조화로 인한 극심한 가뭄이 지속됐음을 밝혀냈다. 여기에 더해 꽃가루 분석을 해보니 평균기온이 2℃나 낮았다. 가뭄과 한랭한 기후는 농작물의 생장에 치명적이다. 아카드인들은 농업을 포기할 수밖에 없었다. 먹을 것이 없는 곳에 제국은 존재할 수 없었다. 역사에서 아카드 제국이 사라진 이유다.

▷ 고대 4대 문명 중의 하나인 인더스 문명을 살펴보자. 인더스 문명은 상당히 정교하고 아름다웠다고 전해진다. 하지만 기원전 1800년경부터 쇠퇴하기 시작했다. 인더스 문명이 자랑하는 모헨조다로가 몰락했다. 기원전 1500년경에 이르러 인더스 문명은 완전히 멸망해서 역사 속으로 사라지고 말았다. 강대하고 화려했던 인더스 문명이 멸망한 가장 큰 이유는 대가뭄이다. 대가뭄으로 모헨조다로 지역 등이 건조지대가 되었다. 토지의 건조화로 염분이 지표에서 나오는 염분 노출이 발생했다. 염분은 농작물 생산에 치명적이다. 농업이 무너진 문명은 존립할 수 없었다.

▷ 천년 번성한 마야 문명도 가뭄에 무너졌다. 기원전 27세기~기원전 21세기에 거대한 피라미드를 지을 정도로 번성했던 이집트 고왕국은 나일 강 상류의 가뭄으로 농경지가 줄어들면서 몰락하고 말았다. 이처럼 마야 문명이 사라진 원인은 최근 고기후학이 발전하면서 더욱 분명하게 밝혀졌다. 2003년 스위스의 지질학자 게랄드 H. 하우크 박사가 마야 문명 유적지 근처의 바닷속 퇴적물을 조사했다. 그는 마야 문명의 멸망 원인이 가뭄임을 밝혀냈다. 당시 마야인들의 주식은 옥수수였다. 옥수수는 전적으로 빗물에 의존하는 농작물이다. 그러나 910년을 정점으로 발생했던 극심한 가뭄은 옥수수 농사를 궤멸시켰다. 농업이 무너진 문명은 존재할 수 없었다. 마야 문명이 아열대우림에 파묻혀버린 것이다. 가뭄이 이토록 한 시대 역사의 종말을 무섭게 가져오기도 했다.

일반적으로 문명의 붕괴를 설명하는 두 가지 시각이 있다. 하나는 인간의 부실한 관리로 인해 자원 기반인, 주로 농업이 점진적으로 와해된다는 시각이다. 다른 하나는 환경의 동요나 기후 변화로 인해 자원이 급격히 줄어든다는 시각이다. 인류의 위대한 문명이었던 메소포타미아 문명·인더스 문명·마야 문명의 공통점은 농업의 붕괴였다. 먹고사는 가장 기본적인 문제가 해결되지 않는 문명은 살아남을 수 없다는 것을 여실히 증명하고 있다.

그렇다면 농업문제는 고대 문명만의 문제일까? 몇 년 전 시리아 사태를 보자. 수많은 시리아인이 조국을 탈출해 유럽으로 몰려갔다. 왜 이런 일이 발생한 것일까? 리처드 시거 컬럼비아대학 교수는 "시리아 사태의 가장 근본적인 원인은 기후 변화로 인한 농업의 붕괴"라고 말했다. 그는 이렇게 주장하고 있다. "2007년부터 2010년까지 최악의 가뭄이 시리아를 덮쳤다. 강수량이 줄고 토양 습도가 낮아지면서 농업기반이 무너졌다. 먹고살 것이 없는 시리아인이 전체 국민의 40%에 해당된다. 고향을 잃은 이들이 갈 곳은 없었다. 목숨을 걸고 유럽으로 보트를 타고 넘어간 이유다. 아무리 강력한 문명이라도 농업이 무너지면 역사에서 사라진다. 농업을 경제적인 문제로만 접근해서는 안 될 이유다." 이는 누구나 깊이 새겨들어야 할 황금같은 말이다.

결국 인류역사에서 농업을 소홀히 한 문명은 다 사라졌다는 것을 알 수 있다. 한 국가를 자손 대대로 유지해 나가려면 농업이라는 산업을 먼저 챙겨야 한다는 사실은 만고불변의 진리가 아닌가 생각해 보았다.

두 뙈기밭만 있어도 계집종 깨끗했을 것

다산 정약용 선생은 책 만 권을 읽어도 농사를 짓지 않으면 가난
은 극복할 수 없다는 것, 배고픔을 막기 위해서는 정작 필요한 것은
두 뙈기밭이 필요하다는 것이다. 배가 고픈 계집종이 남의 농장의
호박을 훔친 사건에 대해 다산이 쓴 시의 내용을 보면 알 수 있다.
농사를 짓는 게 참으로 중요하다는 의미이다.

> 장맛비 열흘에 길이 끊기고
> 서울에도 시골에도 밥 짓는 연기 끊겼네.
> 태학에서 글 읽다가 집으로 돌아와 보니
> 대문에 들어서자 시끌시끌 야단났네.
> 들어보니 며칠 전에 끼닛거리 떨어져
> 호박으로 죽을 쑤어 허기진 배 채웠다네.
> 어린 호박 다 땄으니 이젠 어찌할까
> 늦은 호박꽃 피었으나 열매 아직 안 맺었네.
> 항아리만큼 커다란 옆집 밭의 호박 보고
> 계집종이 남몰래 엿보고 훔쳐왔다네.
> 돌아와 충성하려다 도리어 야단을 맞으니
> 누가 네게 훔치랬냐 회초리 꾸중 호되구나.
> 어허 죄 없는 아이에겐 이제 그만 화를 풀고
> 이 호박 나 먹을 테니 다시는 말하지 마소.
> 밭주인에겐 떳떳이 사실대로 말하구려
> 오릉중자 작은 청렴 내 아니 달갑네.
> 나도 장차 때 만나면 청운에 오르겠지만
> 그리 못 되면 금광이나 캐러 가야지.
> 만 권 서적 읽었다고 아내까지 배부르랴
> 두 뙈기밭만 있어도 계집종 깨끗했을 것.[11]

지금 생각하면 격세지감의 느낌이 들겠지만 농사는 역시 배고픔

11) 고미숙, 『두 개의 별 두 개의 지도』, 북드라망, 2014, 83~84쪽.

을 이겨내는 생명산업임을 다시금 인식시켜 주는 내용인 것 같다.

농사를 포기하고 수입경제의 논리에 매달리게 되면 언젠가는 후회 막급인 그날이 올지도 모른다. 우리 농업이 아무리 생명산업이고 길이 보전해야 할 산업이라고 외치고 있지만 정작 현실은 반향 없는 메아리가 되는 듯 느껴진다. 결국 경제적 논리로 흐른다는 것이다. 식량이 모자라면 수입하면 된다는 비교경제 우위론에 무게가 오랫동안 실려 오기도 했다. 더욱 문제는 그게 당연한 것처럼 여긴다는 데 있다.
어느새 수입농산물은 발밑에까지 바짝 다가와 동네 슈퍼마켓에서도 쉽사리 구매할 수 있게 되었다. 우리 농산물 판매기반의 영토가 무너지고 있다. 농업은 '장기적인 가치'의 중요성을 인식해야 한다. 경제적 가치로만 절대 따질 수 없는 것이다. 고대로부터 농업은 산업 중 으뜸이라고 여겨왔다. 그래서 오늘날 대부분의 선진국은 식량안보를 국가적 최우선 과제로 삼고 있다. 역사적 혜안이 있기 때문이다.

식량문제만 봐도 그렇다. 동서고금을 막론하고 식량문제가 안보상 절대적인 요소로 작용해 왔다. 미국 월드리서치연구소에서는 식량안보가 군사안보보다 우위에 있어야 된다고 주장하고 있다. 공자도 세상에 먹을거리를 하늘처럼 여겨야 된다는 의미로 '식이위천(食以爲天)'이라고 말했다. 먹거리 이상으로 중요한 것이 없다는 얘기이다.
식량 이외 산업적 존재 이유를 생각해 봐도 농업은 더없이 소중하다. 농업을 식량만 주로 생산하는 단편적인 시각에서 벗어나야 한다. 환경보전, 농촌지역사회의 유지, 식품 안전보장, 홍수방지,

생명공학, 체험관광, 전통문화보전 등 여러 가지 다면적 기능을 중시해야 한다. 이는 한 국가가 발전하는데 근본적 토대를 이루는 근간의 산업이라고 볼 수 있다.

선진국들은 농업의 다원적 기능을 보전하기 위해 직불제도 등의 다양한 농업지원 정책을 시행해 나가고 있다. 백년대계의 국가발전을 위해서는 농업을 항상 긴 안목의 시각으로 봐야 한다. 그게 선진국으로 나아가는 중요한 하나의 로드맵으로 작용하게 될 것이다.

5. 신토불이(身土不二)와 건강

나는 어릴 적에 시골에서 어머니께서 장(醬) 담그는 모습을 늘 보아왔다. 어머니가 장을 담그는 날의 무렵이 다가올 때는 집안을 깨끗하고 정갈한 기분을 갖도록 만든다. 빨래부터 시작해 집안 대청소를 한다. 또 목욕을 하신다. 그런 분위기를 느낄 수 있었다. 부정 타는 것을 막는다는 의미로 초상집 방문을 하지 않는 것은 물론, 먼 외출도 삼갔다. 근신과 더불어 온갖 정성을 다해 장을 담그는 일념의 모습이었다. 이런 사실들을 보고 장맛은 단순한 음식 솜씨라기보다 마음의 정성에서 우러나오는 것이라는 믿음까지 갖게 되었다.

'장맛을 보면 그 집안을 알 수 있다'는 속담만 보아도 장은 밥상을 넘어 우리 생활 전반에 깊숙이 영향을 미친 식문화의 정수이다. 장은 한국 음식의 기본을 이루는 미각소(味覺素)로서 그 맛 여하에 따라 그 집안의 모든 음식 맛이 판가름나게 된다.[12] 그래서 예전에

---

12) 이어령, 『우리문화박물지』, ㈜디자인하우스, 2013, 183쪽.

는 집터를 잡을 때 장독대 위치부터 먼저 잡았다고 한다. 왜냐하면 장맛이 좋아야 가족이 건강하다는 이유다. 햇볕과 바람이 있는 양지바른 곳에 장독대를 설치하였다.

이처럼 우리 조상들은 음식문화의 정체성을 위해 은근과 끈기로 그 맥을 이어왔다. 한 나라의 문화와 전통은 일순간에 생기는 것이 아니다. 수천 년간의 민중의 정성과 혼이 담겨야 한다. 거기에는 다 나름의 이유가 있기 때문에 노력을 기울이는 것이다. 그냥 하는 것이 아니다. 우리는 그 기원을 연구해서 알아야 하고 또 실천해 나가야 한다.

사람의 신체와 그 사람이 태어난 고장의 토양은 둘이 아니고 하나라는 뜻인 '신토불이(身土不二)' 어원을 보면 이렇게 전해지고 있다.

중국 원나라 성종 때(1305년) 보도법사가 쓴 노산연종보감(盧山蓮宗寶鑑)에 '법신(法身)과 대지(大地)는 한 몸과 같다.'는 뜻을 「신토불이」라는 제목으로 나타내고 있다. 즉 신토본래 무이상(身土本來 無二相), 몸과 흙은 본래 두 가지 모습이 아니라고 나오는데 이것이 현재까지 가장 오래된 어원이라고 말한다.

한편 세종대왕 때 만든 『향약집성방(鄕藥集成方)』에서는 '천리를 떨어지면 풍토가 다르고 풀과 나무도 각기 제 습성에 맞는 지대에 나며 사람들의 음식제도와 생활풍습도 각기 다르게 된다.'는 것이다.

또 허준의 동의보감 중 「외형편」에 '사람의 살이 땅의 흙과 같은 것이니 사람으로서 어찌 살이 없으랴' 했다. 다시 「내경편」에서는 '사람이 죽게 되면 혼백이 하늘과 땅에 갈라지고 물과 불로 분산해서 각각 본 곳으로 돌아가게 되나니' 하고 나온다. 이런 것들이 모두 신토불이의 의미를 확인해 주는 내용들이다.

이처럼 자연과 인간은 서로 밀접한 관계가 있음을 알 수 있다. 수입농산물을 그냥 값이 싸다고 무턱대고 사들여서는 안 된다. 무조건 가격이 싸면 좋다는 생각을 버려야 한다. 우리 몸에 맞는 이 땅의 농산물을 먹어야 한다. 이건 만고불변의 진리다. 그것도 제철의 농산물이면 더욱 좋다. '농촌밥상 건강밥상', '우리 몸엔 우리 농산물'이라는 구호는 진리 같은 얘기로 받아들여야 한다.

신토불이 개념의 실천 방안의 하나가 바로 지리적 표시제(PGI)이다. 지리적 표시제는 특정 지역에서 생산된 특산품임을 표시하는 것이다. 우수한 지리적 특성을 가진 농산물·가공품의 지리적 표시를 등록해 특산품 생산자를 보호하고 지역 특화품목으로 육성하기 위해 도입했다. 지리적 표시제는 소비자에겐 신뢰를 주고 생산자에겐 품질의 차별화에 대한 동기를 부여함으로써 지역 특산물로서 브랜드 구축에 큰 도움이 되는 것으로 평가되고 있다.

1999년에 '농산물품질관리법'이 제정되었는데, 지리적 표시 제1호 특산품으로 2002년 1월에 '보성 녹차'가 등록됐다. 현재 안성 배, 철원 오대쌀, 여주쌀, 이천쌀, 단양 마늘, 장흥 표고버섯, 상주 곶감, 순창 태양초 등 많은 품목이 등록되어 있다. 이처럼 농산물 품질이 지리적 환경에 기초하여 특화되고 있음을 알 수 있다.

옛말에 '식약동원(食藥同源)'이라는 말이 있다. 먹는 음식과 약은 그 뿌리가 같다는 의미다. 음식과 약의 근본이 같다는 사상을 표현한 것이다. '음식이 보약'이라는 말이다. 그래서 우리 음식에는 '약'자가 붙는 경우를 흔히 볼 수 있다. 약밥, 약과, 약식, 약포, 약주 등 많이 있다. 잡곡밥도 종류가 많은데, 그 전형에 해당하는 것이

약밥이다. 선조들이 동네 뒷산에서 캐어 밥상에 올린 더덕 도라지 등의 나물은 예부터 한약재로 쓰여 한약을 먹는 것과 별 차이가 없다고 했다. 농산물 이름에도 나름대로 의미가 있다. 복분자, 구기자처럼 뒤에 아들 자(子)가 붙은 것은 신장에 좋다고 한다. 신장이 튼튼해야 정력도 좋다. '복분자술을 마시면 요강이 엎어진다.'는 우스개는 그냥 나온 소리가 아닌 것 같다.13)

건강한 삶은 곧 먹는 것과 운동으로 유지된다고 볼 수 있다. 그중에 음식에 의해서 건강에 미치는 영향이 가장 크다는 것을 인식해야 한다. 우리 농산물은 보물 같은 존재다. 동의보감에서도 한반도에서 자라는 농산물을 영험이 서려 있는 농산물이라고 했다. 즉 영적인 효험이 담겨 있다는 얘기다. 그래서 춘추전국시대 중국을 통일한 진시황제는 만리장성을 쌓고 난 후, 불로장생하겠다고 "불로초를 캐러 저 작은 동방의 나라로 가자"고 했다. 그 넓은 중국 땅에서 나는 농산물보다 우리 농산물이 좋다는 것을 역사적으로 증명해주고 있다. 자랑스러운 이 땅의 '신토불이' 농산물에 긍지를 가져보자.

농산물소비에도 개념이 있어야

나는 가끔씩 우리 농산물 소비 형태에 대한 현장을 파악하기 위해 백화점이나 대형마트 매장에 들리곤 한다. 가끔씩 놀라는 것은 대도시 백화점에서 수입농산물 과일이 갈수록 너무 범람하고 있다는 사실이다. 수입농산물은 가격이 싼 데다가 달달함에 빠져들어 소비를 더욱 부추기고 있다. 우리 농산물 애용이라는 개념 있는 소

---

13) 박영일, 『무지개를 띄우는 행복마을』, 이담북스, 2011, 140쪽.

비가 필요한데 마냥 아쉽기만 하다. 우리 농촌은 점점 힘들어하는데 우군을 잃어가는 기분이다. 농산물을 값으로만 따져서는 안 된다. 우리 농업·농촌을 사랑한다면 농산물을 구매할 때, 한 번 더 생각을 해 봐야 한다. 이 땅의 농산물이 팔려야만 농업인들이 농사를 지어나갈 수 있다. 그래야 우리 농촌이 유지될 수 있다. 이 아름다운 대한민국 강토를 지키자는 뜻에서 강조하고 싶다.

　나는 우리 농산물 소비 형태에 대해서도 수시로 살펴보곤 한다. 2017년 여름, 서울 강남에 있는 어느 백화점의 지하 매장을 둘러보았다. 그중 과일주스나 스무디를 파는 가게를 둘러본 결과 많은 수입 과일을 사용하는 것을 보고 놀랐다. 요즘은 브랜드 원산지를 의무적으로 표시하게 되어 있기 때문에 쉽게 파악할 수 있다. 그때 내가 본 유통되고 있는 수입농산물원산지 사례는 이렇다.

　* 바나나, 망고, 파인애플 : 필리핀산
　* 청포도, 냉동딸기 : 칠레산
　* 애플망고 : 페루산
　* 자몽 : 이스라엘산, 필리핀산
　* 수박, 오렌지, 레몬 : 미국산
　* 이사아 : 브라질산

　잠깐 소비자들이 주문하는 현황을 지켜보았다. 대부분 전시된 수입 과일을 가리키는 것을 보고 씁쓸한 마음을 지울 수가 없었다. 다른 식품 코너에도 수입농산물 사용의 음료가공조제가 많다는 것을 알 수 있었다. 김치·고춧가루도 중국산을 활용하는 식당이 많았다. 쇠고기는 미국·호주산, 돼지고기는 독일·스페인·덴마크산이었다. 우리 국민들이 삼겹살을 워낙 좋아하니까 유럽 쪽 돼지고기가 많이 수입되고 있는 것 같았다. 수산물도 마찬가지다. 랍스터는 미국산, 연어는 노르웨이, 낙지는 베트남산이었다. 한 마디로 도심의 백화점 식품매장에서 주된 소비는 대부분 수입농산물이라는 것이다. 정말 안타까운 현실이다.

수입농산물에 대해서는 유통과정을 이해하는 것도 필요하다. 무엇보다 원산지에서 어떻게 재배를 하는지 자체를 잘 모르게 된다. 화학비료나 농약을 많이 사용하여 재배하게 되면 자연적 우리 인체에 좋지 않은 영향을 미치게 된다. 외국 대규모 농장의 농산물재배에서는 화학비료와 농약에 주로 의존하는 경우가 많을 것이라는 짐작이 든다. 또 농산물 수입과정에서 장기간의 수송과 보관이 요구됨에 따라 해충과 부패를 방지하기 위한 살충제나 방부제 등을 살포하게 될 것이다.

지구 반대편에서 온 포도에 대해 박지희·김유진 씨가 쓴 『윤리적 소비』에서 이렇게 말하고 있다. "칠레와 우리나라 사이의 거리는 2만 481km. 비행기도 직항편은 없고, 미국이나 캐나다에서 갈아타면 23~24시간쯤 걸린다. 물론 포도가 비행기를 타고 하루 만에 올 리는 없다. 비용이 많이 드니까.

대규모 농장에서 수확된 포도는 일단 트럭이나 비행기를 통해 항구 인근의 대규모 공장으로 옮겨진다. 그리고 선별 작업을 거쳐 상자에 포장된 다음 저온 저장고에 6시간 정도 예냉(豫冷)된다. 여기까지 걸리는 시간만 해도 1, 2일이다. 냉장 컨테이너에 실린 포도는 비행기 대신 배를 탄다. 선박으로 태평양을 건너는데 걸리는 기간은 꼬박 40일. 우리나라 항구에 도착한 뒤에도 통관 절차를 위해 2~3일 정도 더 기다려야 한다. 또 항구를 벗어난 포도가 슈퍼마켓이나 과일가게 같은 최종 판매지에 도착하려면 추가적으로 1, 2일이 더 걸릴 수밖에 없다. 결국 칠레에서 수확된 포도가 우리 입으로 들어오는 데는 최소 50일이 걸리는 셈이다. 아무리 냉장으로 운송된다지만 그사이 당도가 조금씩 떨어지고 줄기도 마르면서 품질이 저하되기 마련이다. 또 오랜 기간 곰팡이의 번식을 막고 싱싱하게 유지하기 위해 아황산가스 등으로 보존 처리하는 것도 건강을 생각하면 영 찜찜하다."14) 무조건 값싸고 맛있다고 좋은 게 아니다. 우리는 개념 있는 농산물소비를 해야 한다. 더구나 우리 농산물을 애용해주지 않으면 생명산업인 우리 농업은 설 땅이 없게 된다.

무엇보다 안타까운 것은 우리의 주곡인 쌀 산업이 흔들리는 기분이다. 쌀 소비가 매년 줄어들고 있다. 주된 이유는 우리의 입맛이 서구화되고 있는 현상 때문이다. 예전에는 쌀농사로 자식들 대학을 보내곤 했는데 이제는 어불성설이 되고 있다. 우리 농업인들은 쌀농사 짓기에 흥을 잃어가고 있다. 또 나락 한 알 속에 온 우주가 들어 있다고 한다. 밥이 하늘이라고 믿고 밥심으로 살아왔다. 이 거룩한 정신이 시나브로 외면당하고 있다. 경상도 사람들은 쌀을 '살'이라고 발음한다. 우리가 먹는 쌀은 곧 우리의 몸과 같다는 의미다. 쌀을 내 몸이라고 생각해야 한다. 우리가 쌀을 버리면 쌀이 우리를 버리는 시대가 곧 올 것이다.

---

14) 박지희·김유진. 『윤리적 소비』, 메디치, 2010, 51~52쪽.

선진국은 농업을 가장 기본적인 산업이라고 간주하면서 늘 농업 농촌 살리기에 많은 애를 쏟고 있다. 기본이 중요하다. 농업은 생명산업이고 산업 중의 으뜸이라는 사실이다.

제철음식이 보약, '신절불이(身節不二)'

나는 제철에 나는 과일을 주로 즐겨 먹는다. 더욱 싱싱한 제철 농산물을 구매하기 위해 서울 가락공판장을 가끔씩 들리기도 한다. 농가에서 수확하자마자 막 출하된 농산물이기에 싸고 신선하다는 이미지는 더욱 식욕을 돋우기도 한다. 높은 신선도가 자연적 구매력을 끌게 된다.

제철 농산물이 우리 몸에 건강에 좋다고 '신절불이(身節不二)'라고 말한다. 신체와 계절은 서로 분리될 수 없고 따로 놀아서는 안 된다는 것, 신체는 계절과 밀접하게 연관되어 조화를 이루며 생존해 가야된다는 것이다. 그래서 제철에 나는 음식을 먹는 것이 우리 몸에 보약이라고 말한다.

예를 들어보면, 봄에는 냉이·쑥·고들빼기 등 봄나물, 여름에는 수박·참외 등 싱싱한 채소를 많이 먹고, 가을에는 사과·배 등 과일을 소비하고, 겨울에는 고구마·무시래기·김치 등 가공식품 위주로 섭취할 수 있다. 우리 몸이 가장 필요로 하는 시점에 계절 농산물이 알아서 생산되어진다고 보면 된다는 것, 계절에 흔한 농산물을 소비하는 것이 자신의 건강을 위해 최고의 영양소를 흡수하는 것이라고 볼 수 있다.

신토불이와 신절불이는 우리 몸에 적용되는 자연생태계와의 순환법칙이라고 볼 수 있다. 이는 인간과 지구생태계가 자연적으로 조화를 이루는 생명 순환 생태계 시스템이다. 그래서 제철에 흔한 것이 제철 몸에 귀한 것이 된다고 말할 수 있다. 원래 생명 순환시스템은 지역과 계절에 따라서 그 지역과 그 계절의 신체구조에 맞도록 최적화된 체계라고 얘기하고 있다.

유기농산물 운동가인 이기송 씨는 『흔한 것이 귀한 것이다』에서 제철 농산물의 소중함을 다음과 같이 말해주고 있다.

"자연은 애당초부터 인체 매뉴얼을 잘 알고 연중, 사람의 인체에 알맞은 연간 메뉴 표를 짜놓고는 적당한 먹거리 조합으로 철마다 부지런히 생산해 내고 있었다. 옛날 우리 조상들도 그것을 잘 알고 있었기 때문에 자연생태계의 생산프로그램을 따라 정확하게, 심지어는 날짜까지 정확하게 해서 24절기를 정해 놓고 그 절기에 따라 파종도 수확도 하며 순리를 따라 농사를 했다. 그리고 그 절기에 따라서 수확된 것을 그 절기에 따라 먹었다. 그것은 에너지 투입을 최소화하며, 탄소배출도 최소화하고, 노력도 최소화하면서, 생산량을 최대화하고, 품질도 최고화하면서, 인체 매뉴얼에 딱 맞는 기가 충만한 먹거리의 최적화를 할 수 있는 길이었다. 그래서 그 당시의 농산물은 실로 보약이었다."[15]

이처럼 계절마다 흔한 농산물을 보면 '제철 보약이 제철에 나왔구나' 하면서 그 계절에 쏟아지는 농산물을 부지런히 소비하는 것이 지혜로운 건강 태도가 될 것이다. 신절불이(身節不二)의 의미를

---

15) 유기송, 『흔한 것이 귀한 것이다』, 좋은 땅, 2014, 114쪽.

되새겨 보면서 제철 농산물을 충분히 흡수해보자. 그게 곧 나 자신의 건강을 위한 좋은 방법이 된다. 여름철에 청과과일 상회를 가보면 수박이 수북이 쌓여 있다. 사 먹고 싶은 욕구가 저절로 생긴다. 어느 해 여름에는 경상남도 함안에서 생산되는 흑수박을 한 개 사서 가족과 함께 맛있게 먹었다. 겉은 까만 흑색이지만 속은 빨갛다. 아주 달콤하고 시원한 맛이 그지없었다. 추억에 아로새길 정도로 식감이 좋았다.

지역과 계절에 따라 생산되는 농산물은 우리 신체구조에 맞게 최적화되어 있다고 말한다. 철철이 생산되는 가장 흔한 농산물을 싼 가격에 부지런히 사 먹으면 된다. 자연이 준비한 농산물을 감사한 마음으로 열심히 먹어보자. 그러면 내 몸도 더욱 건강해질 것이다.

6. 생명을 창조하는 친환경 유기농산물

지속가능한 농업이 되기 위해서는 땅의 원천적인 생명력을 잘 보존하면서 토질을 개량해 나가야 한다. 토양이 스스로 생명력을 지니게 하려면 거기에 풍부한 미생물이 살아 있어야 한다. 그런데 안타깝게도 오늘날 그 미생물이 시나브로 죽어가고 있다. 그야말로 땅의 생명력을 잃어가고 있다는 얘기다. 화학비료, 맹독성 농약, 살인적 무기행사를 하는 제초제를 많이 사용하고 있기 때문이다.

내가 농촌에 갈 때마다 곧잘 발견할 수 있는 것은 제초제를 너무

남용하는 사례이다. 한여름 길가에도 제초제를 뿌려 잡초가 타들어 가고 있는 모습들은 안타까운 생각을 하게 만든다. 잡초는 죽겠지만 그 땅의 토질과 함유된 수분은 생명력을 잃게 된다. 땅속에 살아 있는 생명체를 죽이는 재앙적인 결과를 초래하게 된다.

경작지에는 생명체가 살아 있어야만 유기적인 생화학 작용으로 토양성분이 잘 유지되어 갈 수 있다. 아무리 잡초관리가 어렵다고 하더라도 제초제를 치는 것은 가급적 삼가야 한다. 그냥 자연을 파괴해 가면서까지 손쉽게 잡초를 제거하려는 방법을 활용해서는 안 된다. 농사는 자연스러운 농법이 가장 이상적인 방법이라고 할 수 있다. 경작지에는 생명체가 살아 있어야 한다. 그래야만 생명체들이 상호유기적인 작용으로 땅 성분을 보존하면서 작물의 성장을 돕게 된다. 더욱 '논은 생명의 어머니'라고 하는데 논에도 제초제 영향으로 미생물이 다 죽어가고 있는 형국이다. 논도랑가에서 팔팔하게 살아 움직이는 미꾸라지·붕어의 모습들은 아득한 추억거리가 된 지도 오래다.

나는 농업인들에게 강의 때마다 제발 맹독성 농약인 제초제 살포를 가급적 삼가 달라고 강조를 한다. 그런데 강의를 듣는 일부 농민들은 "당신이 농사나 지어봤어? 여름철 한더위에는 돌아서면 풀이 얼마나 나는데, 도저히 감당할 수가 없는 지경인데 어떻게 하라는 거야?…" 이런 말투가 마음속에 잠재되어 있는 것처럼 느껴졌다. 제초제는 결국 땅을 죽이고 물을 죽이고 사람에게 치명적인 피해를 주게 된다. 그 독성이 땅으로 스며들어 나중에 지하수를 오염시키고 또 강물로 흘러들게 된다. 자연을 파괴시키면 인간이 치러야 할 대가가 너무나 크다는 것을 인식해야 한다. 물론 제초제의 안전성에 대해 많은 연구를 하고 있겠지만 그래도 마음이 놓이지 않는다. 어느 농업인은 제초제를 뿌린 땅에 질경이를 심었더니 5년 동안이나 잘 자라지 않더라고 말하였다. 그만큼 잔류 독성이 강하다는 얘기다.

오늘날 지구상에 강력한 농약 살충제인 DDT가 등장한 이래로 자연생태계가 큰 피해를 보는 모습을 보아왔다. 무분별한 살충제 사용은 곧 야생 생물계가 파괴되고 자연환경을 많이 오염시키기도 한다. 특히 인간에게는 백혈병 같은 치명적인 질환을 일으킬 수도 있다는 얘기다.

생물학자 레이첼 카슨은 '침묵의 봄'이라는 책을 발간하여 환경 문제에 대한 대중들의 생각을 환기시켜 놓았다. 살충제가 결국 자연과 인간에게 커다란 재앙이 되고 있다는 것을 일깨워 주었다. 그는 무분별한 살충제 사용으로 파괴되는 자연환경의 모습을 적나라하게 공개하였다. 생태계의 오염이 생물과 자연에 어떤 영향을 미치는지 구체적으로 설명해 놓았다. 그래서 그를 두고 20세기 인간의 의식을 변화시킨 100인 가운데 한 사람이라고 말하기도 한다. 자연 없이 인간의 행복은 없음을 외치듯이 말이다.

2016년 6월, 내가 중국 연변에 갔을 때도 도로 주변의 밭이나 과수원에 잡초도 없이 한결같이 깨끗한 모습들을 많이 보았다. 내 생각은 분명 저곳에는 제초제를 많이 뿌렸을 것이라는 예감이 들었다. 그 넓은 과수원에 땅이 빨갛게 보일 정도로 잡초가 없다는 것은 제초제를 치지 않고서는 그럴 리가 없을 것이다. 자연을 파괴시키면 그 재앙은 우리 인간에게 다시 되돌아오게 된다. 제초제로 지은 농사는 그 유해성분이 곡식이나 과일에도 좋지 않은 영향을 미치게 된다. 제초제를 친 농산물을 먹는 것보다 제초제를 친 사람이 더 피해를 본다고 말한다. 그 이유는 살포한 제초제 성분이 접착력이 강해 곧 사람의 피부에 다가와 달라붙는다고 한다. 또 침투력이 강해 사람의 피부 속을 뚫고 들어갈 수 있다는 것이다. 무서운 얘기이다.

2017년, 중국 후난(湖南)성 농지의 40% 정도가 오염되어 발암성 물질인 카드뮴과 비소가 검출됐다고 보도된 적이 있었다. 오염지대 인근 주민들은 대거 암에 걸리는 현상을 초래하고 있다는 것이다. 토양의 오염원인은 중국 경제발전 과정에서 화학물질과 중금속을 무더기로 매립하고 무분별하게 맹독성 농약과 화학비료를 남용한 결과라는 것이다. 중국 정부 당국자는 "전체 경작지의 14%인 농지 3만 5,000km²는 농사를 지으면 안 되는 상황"이라고 했다. 중국 33개 성(省)·시(市) 중 가장 심각한 곳은 최대 곡창지대인 후난성으로 농지의 40% 이상이 오염됐다고 한다. 전문가들은 토양은 오염이 되면 대기·수질오염과 달리 땅을 통째로 갈아엎지 않는 이상 정화가 힘들다고 지적한다.[16) 이처럼 심각한 토지오염성을 말해주고 있다. 그 재앙은 다시 우리 인간에게 돌아오게 된다.

자연의 유기적인 질서의 중요성에 대한 좋은 교훈적인 예화가 있어 소개해보겠다. 오형규 씨가 쓴 『경제학, 인문의 경계를 넘나들다』에 나오는 얘기다.

"1955년 중국에서 한 농민이 '참새들 때문에 농사를 지을 수가 없다'는 탄원서를 정부 중앙당에 보냈다. 며칠 후 최고지도자 마오

---

16) 『중앙일보』, 2017.6.17.

쩌둥은 쥐, 새, 파리, 모기를 '사해(四害)'라 지칭하며 12년 안에 전국의 사해를 소멸해야 한다."고 강조했다. 공산국가에서 최고지도자의 한 마디는 곧 법이다.

수도 베이징에 참새 섬멸 총지휘부가 만들어지고, 1958년 4월 19일 새벽 5시를 기해 남녀노소 시민 300만 명을 동원한 대대적인 참새소탕전이 전개됐다. 약 40만 마리를 잡자 베이징에서 참새 소리가 사라졌다. 참새 소탕전은 전국으로 퍼져나갔다. 칭다오에선 하루에 6,412마리를 잡은 사람이 전국적인 영웅으로 추앙됐다. 1958년에는 중국 전역에서 참새 2억 1,000만 마리가 잡혔다.

문제는 이듬해 봄에 일어났다. 천적인 참새가 멸종되다시피 하자 해충이 기승을 부린 것이다. 전국 논밭은 물론 도시 골목과 가로수에도 해충이 들끓었다. 전국에서 해충 피해가 보고되고, 그 원인이 참새 소탕에 있다는 과학자들의 연구 결과가 계속 발표되었다. 결국 마오쩌둥은 참새를 복권(사해에서 제외)시켜야 했다. 대신 바퀴벌레가 사해의 한 자리를 차지했다.

'인민의 적'인 참새 소탕을 즐긴 것은 아이들이었다. 때려잡는 것에 익숙해진 아이들은 10년 뒤 문화대혁명 때 홍위병 완장을 찼다. 문화대혁명은 1966년부터 10년 동안 마오쩌둥이 10대 청소년을 동원해 정치적 반대파와 옛것(고전), 지식인 등을 대대적으로 숙청한 극좌 사회주의 운동이다. 대중의 광기로 인해 역사의 오점으로 남은 문화대혁명으로 중국 사회는 30년 퇴보했다고 할 정도였다.

참새 소탕전에서 확인했듯이 세상은 보이는 것이 전부가 아니다. 당장 참새들이 낟알을 먹어치우는 것이 눈에 띄니까 참새만 없애면 농사가 잘될 줄 알았다. 하지만 참새가 계절에 상관없이 해충을 잡아먹는다는 사실은 몰랐거나 잠시 잊었다. 단순한 무지와 착각이 2억 마리가 넘는 참새의 몰살과 해충의 창궐을 가져온 것이다.

세상이 복잡한 것은 보이는 것과 더불어 보이지 않는 것이 있기 때문이다. 보통 사람들이야 보이지 않으면 못 봐도 그만이지만, 국가의 지도자라면 보이지 않는 것도 볼 수 있는 혜안을 가져야 한다. 보이지 않는 건 모르는 것이라는 형편없는 지도자라면, 차라리 너무 게을러서 아무 일도 안 하는 편이 국민에게 이롭다. 경제학적 사고란 직관과 선입견, 편향적 사고에 치우치기 쉬운 사람이 보이지 않는 것까지 볼 수 있도록 훈련하는 것을 의미한다.[17]

이처럼 보이지 않는 현상이 더욱 중요할 수 있다. 보이지 않는 땅속의 미생물이 더욱 소중한 기능을 한다. 밭에 풀이 많이 자란다고 제초제를 마구 뿌린다는 것은 토양에 함유된 보이지 않는 생명체를 모두 죽이는 것이다. 그야말로 자멸하는 길이다. 보이지 않는 그 생명체가 땅 성분을 보존하면서 농작물이 자라는 데 도움을 준다는 사실을 잊지 말아야 한다. 풀 뽑기와 전쟁을 하더라도 제초제를 사용하지 않는 것이 지혜로운 농부라고 할 수 있다.

자연적인 것이 가장 경제적

나는 2015년 한국소비자학회에서 자연보호와 웰빙식품을 위해 유기농산물 재배를 주창하는 어느 유기농 유동업체의 J임원이 한 강의내용을 들은 적이 있었다. 발표주제는 '생산자와 소비자가 함께하는 로컬 유기농산물운동 전개'이다. 그가 말하는 핵심은 '생산과 소비는 하나의 개념으로써 친환경 유기농 로컬 푸드를 생산해야

---

17) 오형규, 『경제학, 인문의 경계를 넘나들다』, 한국문학사, 2013, 253~254쪽.

한다.'는 주장이다. 그래야 땅을 지키고, 건강을 지키고, 세상을 지키는 지속 가능한 농업이 된다는 얘기다.

그가 주제에 대해 발표한 내용을 요약해 보면 대략 이렇다.

"요컨대 '농(農)'의 언어적 의미를 한자로 풀어보면 소리 곡(曲)과 별 진(辰)이 합한 것으로서 '별들의 합창'이라고 해석해 볼 수 있다. 이는 우주의 조화를 연출하는 행위이다. 내가 먹는 것이 바로 나 자신이다. 몸은 60조 개의 세포로 되어 있다. 몸 세포는 먹을거리를 통해 섭취한 성분들로 대부분 수개월 내에 새로운 것으로 교체된다.

안전한 먹거리를 위해 유기농 로컬 푸드를 생산해야 한다. 유기농 로컬 푸드는 식량자급률뿐만 아니라 소비자는 안전하고 건강한 삶을 유지해 나갈 수 있다. 농가는 수급량 안정이 보장돼야 고품질 유기농산물 생산에 집중할 수 있다. 서로의 신뢰를 바탕으로 실천해 나가야 한다.

식량자급률이 중요하다. 식량자급률을 높이는 것은 안전한 밥상과 더불어 환경을 지키고, 도농상생을 도모하는 최고의 방안이 될 수 있다. 농산물 글로벌화가 확산됨으로써 식량의 물류이동이 전 세계로 뻗어 나가고 있다. 이런 대대적인 농산물의 물류이동은 화석연료를 계속 사용해야 하는 측면에서 지구온난화 등의 환경오염을 조장한다.

유기농산물 소비가 되도록 '콘텐츠 마케팅'을 해야 한다. 즉 유기농 채소 한 단을 구매함으로써 땅 50평이 살아난다고 말해야 한다. 수입 콩으로 만든 두부 1모를 먹었을 때 CO_2 180g이 발생한다. 이는 소나무 한 그루가 흡수하는 CO_2 양과 맞먹는다고 볼 수 있다.

스스로 농산물을 자급하자는 뜻에서 영성적인 마켓(Mindful Market)운동을 벌여야 한다. 채소 텃밭 가꾸기를 하자는 것이다.

결론적으로 지속 가능한 생산과 소비 시스템에 따른 농(農)과 식(食)의 위기 점화를 막기 위해 지역(Local)+마음의(Mindful)+유기농 음식(Organic Food) 운동을 전개해야 한다. 생산자나 소비자가 아닌 소비자(Prosumer)/협력생산자(Coproducer)로서 스스로 시스템에 따른 행동을 해야 한다. 먹을거리의 친환경성과 자급단계를 높이는 친환경농업 식량자급운동을 전개해 나가야 한다. 음식(Food)+에너지(Energy)+보호(Care) 자급권 구축을 위한 운동을 함께 전개해 나가도록 해 보자."

이 같은 친환경 유기농업의 중요성에 대한 강의를 듣고, 건강과 자연을 지키는 로컬 유기농생산을 더욱 확대해 나가야 한다는 것에 다시금 공감해 보았다.

자연스러움은 속도가 느리고 효율성이 낮다고 생각할 수 있지만 어떤 면에서는 인위적인 것보다 더욱 우수성을 나타내고 있다. 윤석철 교수는 '가장 자연적인 것이 가장 경제적이다.'라고 말한다. 예를 들어 "콩과 식물(Leguminous Plants)의 뿌리에서 공생하는 뿌리혹박테리아(Leguminous Nodule Bacteria)가 인간처럼 섭씨 500도와 200바의 고온 고압을 사용하지 않고도 평상 기온(섭씨 20도 전후), 평상 기압(1바)에서 질소를 고정하여 비료를 만들고 있다. 경제적 타당성을 실현하는 점에서 인간보다 월등히 능력을 발휘하는 것이다."[18] 이를 보면 '자연적인 것이 가장 경제적'이라는 진리를 실감할 수 있다.

나는 몇 년 전 강원도 삼척의 두메산골에 위치한 '너와마을'을

[18) 윤석철, 『삶의 정도』, 위즈덤하우스, 2011, 247쪽.

방문한 적이 있었다. 험준한 태백산맥 줄기의 산자락 끝, 깊은 골짜기를 따라 마을이 형성되어 있다. 이곳에 가면 민속 문화재로 지정된 너와집이 150년 이상 온전히 보존되고 있다. 너와(瓦)는 수백 년 된 붉은 소나무를 일정한 크기로 잘라 쪼갠 널판을 가리킨다. 너와집은 과거 화전민이나 산간지대 주민들이 거주한 주택양식으로 소나무 조각으로 지붕을 이은 집을 가리킨다. 오랜 세월이 흘렀어도 썩지 않아 비가 새지 않는다. 그 비결은 나뭇결에 따라 비 흐름이 잘되도록 연결선 매무새에 조상들의 기술적 지혜가 담겨 있기 때문이다. 나뭇결의 자연스러움을 연결하면 곧 위력이 발휘된다는 것을 알 수 있었다.

그렇다. 우리는 가장 자연스러움이 가장 위대하다는 것을 더욱 인식해야 한다. 생명의 원천인 땅을 보전하기 위해서라도 유기농업을 해야 한다. 어렵고 힘들지만 우리가 가야 할 길이다. 유기농업은 땅을 살리는 길이다. 그래야 자손 대대로 건강한 땅을 후손에게 물려줄 수 있다. 유기농업으로 자연 스스로 순환하는 패러다임을 갖도록 해야 한다. '순환' 그 자체는 생명력이 담겨 있다. '순환'의 힘을 잃어버리게 되면 자연으로서 기능을 상실하게 된다. '자연계란 사물이 서로 의지하면서 현상을 일으키기 때문에 순환들은 서로 고리를 이루거나 또는 내부구조를 가지고 있는 것이다.'[19] 그래서 '순환'은 사물이 존재하는 최선의 수단이다. 그 순환의 힘은 바로 유기농업에 있음을 분명히 인식할 필요가 있다. 토양의 원천적인 성격을 잃지 않도록 영구적인 땅의 생산성을 잘 유지해 나가야 한다.

---

19) 김승호, 『새벽에 혼자 읽는 주역인문학』, 다산북스, 2015, 235쪽.

안전농산물 생산은 시대적 이념

켈시 티머먼이 쓴 『식탁 위의 세상』을 읽고 안전농산물 생산이 참으로 중요하다는 것을 느껴보았다. 이 책은 저자가 '나는 어디에서 먹는가?'라는 지리적 질문을 던지며 음식이라는 렌즈를 통해 세상의 이면을 파헤친 기록이다. 세계화된 식탁을 집요하게 파헤친 네 대륙 음식 탐사 얘기를 르포 식으로 재미나게 엮은 내용이다.

지은이는 딸에게 먹이던 사과주스가 중국산, 바나나는 코스타리카산, 블루베리는 칠레산임을 발견했다. 한 통의 사과주스가 4개 대륙에서 온 사과로 만들어진 경우도 있었다. 냉동실을 채운 생선은 베트남산, 새우는 태국산이었다. 그의 말마따나 "우리 집 냉장고는 칼로리의 유엔"이었다. 이 책은 공정무역을 넘어 식탁 안전과 지구 환경 등 윤리적 소비를 위해 우리가 고민할 사안이 한둘이 아님을 시사해 주고 있다.

저자는 식품 안전성의 중요성을 강조하면서 중국의 농산물 생산의 안전성 문제에 대해 다음과 같은 얘기를 해 주고 있다.

"2008년 중국에서 멜라민에 오염된 음료와 우유를 마시고 6명의 유아가 사망했다. 15만 4천 명이 입원하고 총 30만 명 정도가 병에 걸렸다. 멜라민이란 실제보다 고가의 단백질을 더 많이 함유한 것처럼 보이게 만드는 물질이다. 2011년에는 45ha 이상의 수박밭에 성장촉진제를 살포하자 수박이 지뢰처럼 터지면서 물컹물컹한 수박씨 파편이 사방에 튀었다. 성장촉진제는 수박의 크기를 20% 정도 부풀리고(그만큼 가격도 올라가고) 성장 시기를 2주 정도 앞당기는 물질이다.

쌀에서 중금속 카드뮴, 간장에서 비소, 버섯에서 표백제, 돼지고기에서 붕사가 검출된 적도 있었다. 자, 돼지고기 볶음밥 드실 분? …

유기농연구소 <컨슈머 리포트>에서 중국은 2000년 이후에도 비소성 살충제를 널리 사용했을 뿐 아니라 현재도 다수의 농부가 가짜 살충제나 금지된 살충제라는 형태로 비소성 살충제를 사용하는 것으로 보인다고 밝혔다.

20년 전에는 미국이 중국보다 사과를 더 많이 재배했다. 현재는 중국이 15배나 많이 재배한다. 세계 사과 생산량의 절반에 해당하는 양이다. 미국의 사과농부들은 해충과 살충제를 언급하며 중국산 사과를 막아보려 하지만 싸움에서 지고 있는 것 같다. 중국 정부는 미국이 중국산 사과 수입을 금지한 것에 대해 세계무역기구에 제소했다. 현재 미국의 슈퍼마켓에 진열된 사과주스의 3분의 2가 중국산 사과 과즙 농축액으로 만들어진다."[20]

세계 1위의 사과 생산국은 중국이라고 한다. 중국 뤄촨지역은 사과 주산지로 유명하다. 그곳에는 사과박물관, 사과 컨벤션센터, 사과호텔이 있다고 한다. 이 지역에서 생산되는 사과의 70% 정도는 이곳의 사과주스 공장으로 들어간다고 한다. 그런데 중요한 사실은 아무도 사과주스를 마시지 않는다는 것이다. 이유는 사과농장을 가 보니 일 년에 살충제를 여섯 번 뿌리고 비료를 두 번 준다고 한다. 그런데 사과밭 주위에 살아 있는 생명체는 아무것도 없다고 말한다. 파리나 다른 벌레 한 마리, 새 한 마리, 풀 한 포기 하나도 없다는 것이다. 이를 두고 비소문제와 관련이 있지 않은지 의아심을 갖게 한다고 말한다. 이를 보면 맹독성 살충제가 얼마나 무서운지를 느끼게 만든다.

---

20) 켈시 티머먼, 『식탁 위의 세상』, 부키, 2016, 282~289쪽.

아무튼 나는 이 책을 읽고 식품안전성의 중요성에 대해 다시금 깨닫게 되었다. 음식을 먹는다는 것은 건강한 몸을 유지해 나간다는 근본적인 취지가 담겨 있다. 안전성은 식품에 있어서 가장 중요한 명제이기도 하다. 안전성이 보장되지 못하면 식품으로서 근본적인 기능을 잃게 된다. 식품의 세계화 시대에 우리는 오로지 '안전 농산물 생산'이라는 철학으로 농사를 지어나가야 한다. 그래야 내가 살고 세상이 살 수 있다.

늘어나고 있는 에코맘 소비자

누구에게나 손자는 사랑스럽고 기쁨의 보물이라고 말한다. 나 역시 손자가 재롱을 떨 때를 보면 귀엽기 짝이 없다. 손자와 함께 있을 때는 행복감에 젖어 시간 가는 줄도 모른다.

손자가 당시 15개월쯤 되었을 때 며느리가 이유식을 주려고 많은 노력을 하는 것을 보았다. 이유식이란 아기가 성장함에 따라 모유의 부족한 열량 및 영양소를 다른 음식으로 보충해주는 것이다. 손자는 웬만하면 엄마의 젖을 먹으려고 하지, 이유식을 잘 먹지 않으려고 한다. 며느리가 억지로나마 조금씩 밥, 국수, 과일 등을 손자에게 먹이고 있는 모습을 가끔씩 보았다.

그런데 며느리가 마트나 인터넷에서 갖가지 이유식 제품을 구매할 때는 꼭 친환경 이유식만을 고집한다는 것을 알았다. 아기 먹거리에 대해서는 안전하고 깨끗한 친환경 농산물에 유독 신경을 많이 쓰는 듯 보였다. 아마 대부분의 젊은 세대 엄마들이 그렇다고 생각해본다. 이걸 보면 세월이 갈수록 친환경 유기농산물의 소비로 더욱 치우치게 될 것이라는 예감이 든다. 이제 우리 농업도 친환경 고품질 농산물로 나아가야 농업경쟁력이 확보될 것이다. 또 그렇게 해야만이 수입농산물도 이겨낼 수 있다. 수입농산물의 경쟁력은 가격이 싸다는 것인데 여기에 대응전략은 품질로서 승부를 걸어야 한다.

다행히 오늘날 친환경 농산물 소비가 매우 빠른 속도로 늘고 있는 추세이다. 최근 우리 동네에서도 친환경 농산물 매장이 한 곳 더 문을 열었다. 가끔씩 그 매장 앞을 지나가다보면 많은 소비자가 붐비고 있는 것을 볼 수 있다. 소비자들의 관심이 높아지고 있다는 것을 알 수 있다. 이는 당연한 흐름의 귀결이라고 본다. 결국 좋은 농산물로 건강을 보호하겠다는 것이다. 세상에 건강만큼 소중한 것은 없다. 소비자는 건강 위주의 농산물 소비패턴으로 돌아가게 마련이다. 농업인들은 친환경 농산물재배에 더욱 비중을 높여야 한다.

경남 하동에서 '에코맘의 산골이유식' 농업법인은 농업 6차 산업화를 선도하는 좋은 사례가 되고 있다. 제철에 나는 유기농 채소를 활용해 이유식을 생산하고 이유식 카페를 운영, 연간 수십억 원의 매출액을 올리고 있다. 오천호 대표는 서울에서 귀농해 직접 유기농 채소 농사를 짓고 있다. 그에게는 제철 식재료를 이용한 건강한 이유식을 만들겠다는 철학이 있었다. 아이들의 건강을 위해 진정성 있는 농산물을 생산해 최고의 이유식 제품을 만들어보자는 야심을 가졌던 것이다. 그게 오늘날 성공의 토양이 되었다고 볼 수 있다. 현재 인근 들녘 경영체와 계약재배를 통해 원료농산물을 공급받아 안정적으로 농업 6차 산업화를 추진하고 있다. 앞으로 이유식 카페를 확대하고 중국 등 해외시장까지 진출할 계획이라고 말한다.

이처럼 누구나 시대적 통찰력과 소비자의식에 초점을 맞춰 영농을 해 나가면 성공할 수 있을 것이다. 현실과 미래를 동시에 볼 수

있는 안목을 가져보자. 무엇보다 항상 '가능성'이라는 것에 초점을
두어야 한다. 고대 로마의 철학자 키케로는 "끝나버리기 전에는 무
슨 일이든 불가능하다고 생각하지 마라"고 말했다. 내 안의 잠든
거인을 깨워 일으켜야 된다는 것이다.

'100세 청춘' 쿠바의 장수비결은 유기농 채소

쿠바는 장수국가로 널리 알려져 있다. 쿠바 인구 중 60세 이상
노인이 200만 명(약 17%)을 웃돌고 있으며, 그중 100세가 넘는
사람이 10만 명당 35명에 달한다고 한다. 100세 이상 노인 12명이
회원인 '쿠바 120세 클럽'도 있다고 한다. 그래서 '100세 청춘의
나라'로 불린다.

이렇게 장수하는 국가가 된 것은 다른 요인도 있지만 국민들이
주로 유기농 채소를 즐겨 먹고 있기 때문이라는 것이다. 유기농 식
량자급률이 수도 아바나의 경우 95%가 된다고 한다. 유기농업의
메카라고 말하기도 한다. 유기농 채소가 사람 수명 연장에 많은 영
향을 미치게 됨을 알 수 있다. 다음과 같은 내용을 보면 더욱 설득
력이 다가온다.

"쿠바가 장수국가가 될 수 있는 것은 도시농업·패밀리 닥터·
천연 건강식품의 힘이 크다. 쿠바는 농업, 특히 유기농업이 국가 경
쟁력 중 하나로 꼽힌다. 수도 아바나의 경우 유기농 식량 자급률이
95%이며 아바나 전체에 8,000여 곳에 이르는 도시농장이 존재한
다. 도시농장에서 수확한 농산물을 전문으로 판매하는 시장도 80여
개가 있다. 모든 농산물은 농약과 화학비료를 사용하지 않는 유기
농이다. 사실 쿠바의 유기농업은 1990년대 사회주의 몰락과 함께

비료와 농약 수급이 어려워지면서 시작됐다. 그런데 이런 사회 문제가 계기가 돼 유기농업을 시작한 이후 쿠바 내 채소 소비량은 약 50% 이상 늘고 인스턴트식품 소비까지 줄었다. 채소는 각종 비타민이 풍부해 항암 효과를 높여줄 뿐만 아니라, 식이섬유로 인해 식후에 혈당 수치가 빠르게 올라가는 것을 방지해준다. 채소 대부분에는 칼륨이 풍부하게 들어 있어 혈압을 조절하는 데 도움이 된다.

쿠바인들이 즐겨 먹는 식단에는 늘 검정콩이 올라간다. 검은콩을 팥죽처럼 푹 익힌 '꽁그리(Congri)'를 밥에 얹어 먹는 등 밥을 지을 때 거의 검은콩을 넣는다. 검은콩은 단백질을 많이 함유하고 있으며, 혈당을 낮추는 효과가 있다고 알려져 있다. 올해 나이 111세로 쿠바 120세 클럽의 단원인 파올라는 "매끼마다 우리집 텃밭에서 자라는 토마토와 오이, 상추를 먹는다."며 "이 채소에 소스를 뿌리지 않고 생(生)으로 먹거나 약하게 소금 간만 해서 챙겨 먹는 것이 나의 건강 비결"이라고 말했다."[21]

이 내용을 봐도 유기농산물이 우리 건강에 좋다는 것을 알 수 있다. 땅을 살리고 물을 살리고 사람을 살리는 게 유기농업이다. 친환경 유기농산물 농사를 열심히 짓다보면 소비자들의 인식도 많이 변화되어 갈 것이다. 세상은 항상 진리가 움직여 간다. 오늘날 과학주의, 속성주의가 만연되어가고 있지만 우리 인간의 참된 행복을 위해서 미래 농업이 나아갈 방향은 진정 무엇인가를 다시금 생각해 보아야 할 것이다.

---

21) 『조선일보』, 2016.9.1.

7. 의학 성분을 대체하는 기능성 농산물

인류역사를 보면 농산물은 그동안 그냥 사람의 생명을 유지해 주는 것에 의미를 두고 배부르게 먹는 것에 주안점을 두었다. 생존본능에 연유된 것이다. 쉽게 얘기하면 식욕(食慾)이 있어 먹어야지 살고, 색욕(色欲)이 있어야 자식을 낳고 대를 이어가게 된다. 공자도 '음식남녀(飮食男女)'라고 말했다. 음식과 정욕은 동전의 양면이고 뿌리 뽑을 수 없는 욕망이라는 의미이다. 그래서 농산물은 인류의 대를 이어오는데 근원적인 역할을 해오고 있다고 볼 수 있다.

그런데 지금은 농산물은 식욕을 해소하는 것에서 더욱 진화되고 있다. 바로 '기능성 농산물'로서 역할을 하고 있기 때문이다. '기능성 농산물'이란 의약품이나 건강식품은 아니지만 신체기능에 의학 성분을 대체 보완하는 특수한 효능을 가진 농산물을 말한다.

인도 사람들은 치매에 걸릴 확률이 낮다고 말한다. 카레 음식을 주로 많이 먹기 때문이라는 것이다. 인도는 카레의 본고장이라고 할 정도로 카레를 많이 먹는다. 카레 성분인 커큐민(Curcumin)이 알츠하이머병을 예방하는 효과가 있다고 한다. 카레가 뇌세포활동을 증진시키기 때문에 카레를 자주 먹는 사람은 나이가 들어도 인식 능력이 높다고 말하기도 한다. 또 DHA가 풍부한 등푸른생선을 많이 먹으면 동맥경화나 치매와 같은 노화과정을 예방할 수 있다고 한다. 카레는 주로 '강황'이란 농산물을 원료로 해서 만든다. 이런 약효 성분을 가진 작물을 기능성 농산물이라고 일컫고 있다.

우리나라의 대표적인 기능성 농산물로는 인삼·마늘·한약재 등을 꼽을 수 있다. 물론 모든 농산물이 다 나름 기능성을 갖고 있다고 볼 수 있다. 양파의 경우에는 혈액을 깨끗하게 하는 성분이 있고, 양배추는 '위가 튼튼해지는 보약'이라고 말하기도 한다. 브로콜리는 뼈에 좋은 칼슘이 시금치보다 약 4배나 많다고 한다. 흔히들 고기의 단백질은 영양원, 쌀의 탄수화물은 에너지원이라고 말한다. 그래서 건강해지기 위해서는 음식을 골고루 먹어야 된다는 결론이다.

또 시대적 흐름에 따라 새롭게 기능성 농산물로 떠오르는 경우가 많다. 항산화물질이 많다는 아로니아, 천연인슐린 성분을 많이 함유하고 있다는 여주(쓴 오이), 고혈압에 좋다는 차요테 등이 기능성 농산물로 오늘날 재배가 확대되어지고 있다. 이를 보면 농산물소비도 시대적 트렌드가 있는 듯이 느껴진다.

'음식이 보약'이라는 이미지 강화를 위해 같은 농산물이라도 기능성 옷으로 갈아입히기 위해 노력하고 있다. 흑미·적미로 대표되는 '유색미'는 대표적인 항암·항산화 기능성 물질이 많다고 말한다. 고추도 혈당저하에 기능역할을 하는 '당조 고추'라는 품종이 부각되고 있다. 참외도 영양가의 기능성을 위해 한약재로 재배하는 농가가 늘어나고 있다. 앞으로 기능성을 강조하는 농산물재배가 계속 증가하게 될 것이다.

예부터 고전에서 특별히 농산물 기능성에 대해 언급한 경우도 있다. 예를 들어 천도복숭아를 먹으면 장수한다는 설화도 있다. 인문학자 천진기 씨는 천도복숭아의 기능성에 대해 다음과 같이 의미 있게 이야기를 해 주고 있다.

"중국 한나라 '산해경(山海經)'에 의하면 서왕모(西王母)가 살고 있는 곤륜산에는 먹으면 늙지도, 죽지도 않는 복숭아(仙桃)가 열린다. 서왕모가 관리하는 반도원(蟠桃園)의 복숭아나무는 가지가 사방 3천 리까지 뻗어 나가며 3천 년 만에 꽃이 피고 다시 3천 년 만에 열매를 맺으며, 그것을 한 개라도 먹으면 1만 8천 살까지 살 수 있다는 전설이 있다. 천도복숭아는 장수(長壽)를 상징한다. 천도복숭아를 먹거나 손에 잡은 것은 바로 장수의 상징이며, 원숭이 가족이나 한 원숭이가 다른 원숭이 등을 잡고 있는 것은 자손의 번창을 기원하는 의미이다. 원숭이와 잘 어울리는 조합은 십장생인 바위·소나무·폭포·천도복숭아 등이다. 모두 축수(祝壽)이다."[22] 앞으로 천도복숭아를 먹을 때 이 설화를 음미해본다면 더욱 맛이 고상해질 수도 있을 것이다.

축산의 경우 우유도 보양식품으로 예부터 인정을 받고 있다고 다음과 같이 전해주고 있다.

"기원전 3000년 이전에 기록된 성경(구약)엔 가나안 지역을 '젖과 꿀이 흐르는 땅'이라며 우유의 중요성에 대해 자주 언급하고 있다. 기원전 600년경 인도의 베다 경전에도 석가모니가 우유와 꿀로 만든 죽을 먹고 기력을 회복했다는 내용이 나온다. 기원전 400년경엔 '의학의 아버지' 히포크라테스가 "우유는 가장 완전한 식품"이라고 극찬했다. 제2차 세계대전 당시 연합군의 승리를 이끈 영국의 수상 처칠은 "미래를 위해 가장 훌륭한 투자는 어린이들에게 우유를 먹이는 것"이라고 강조했다."[23] 이처럼 음식에 얽힌 이런 인문학적 요

---

22) 국립민속박물관장 천진기, 『농촌여성신문』, 2016.2.1.

소를 우리는 소비자들에게 널리 알려야 한다. 알면 사랑한다고 했다.

일본 뇌과학 연구자 이케가야 유지는 식물의 효능 성분에 대해 다음과 같이 말하고 있다.

"아스피린은 원래 버드나무에서 추출한 성분으로 만든 생약이다. 실제로 버드나무에 진통 성분이 있다는 것은 오래전부터 알려진 사실이다. 일본은 과거 이쑤시개를 버드나무로 만들었는데, 충치로 인한 통증을 가라앉히는 것이 목적이었는지도 모른다.

옛날에는 지금과 같은 화학 합성기술이 없었으므로 약은 모두 천연성분으로 만들어졌다. 식물을 비롯해 파충류나 곤충, 미생물에는 약용 성분이 많이 포함돼 있다. 그것은 아마도 자연계에서 살아나기 위한 약자의 자기 보호 수단이었을 것이다. 약이라는 말은 단지 인간의 입장에서 붙인 것일 뿐, 그 생물에게는 약이 아닌 대외용 독이다. 약자가 자연계에서 살아남으려면 체내에 독을 내포할 필요가 있다. 인류는 그런 자연의 지혜를 약으로 이용하고 있는 것이다."24)

이처럼 오랜 세월 동안 자연환경 속에서 살아오는 식물이나 우리가 재배하고 있는 농작물에는 이런 특수한 기능적 성분이 있다는 것을 재발견하여, 그 가치를 널리 홍보하여 소비토록 하는 것이 중요할 것이다. 미국에서는 1994년부터 인삼, 마늘, 약초 등을 비타민과 같은 영양보조식품(Dietary Supplement)에 추가하여 FDA의 사전승인 없이 신체구조와 기능효과를 주장할 수 있도록 허용하고 있다고 한다. 우리나라에서도 기능성 농산물의 산업화를 위해 '농산물 및 전통식품에 대한 기능성 표시 허용'을 실시해 나가는 제도는

---

23) 농협중앙회 축산팀장 김광동, 『농민신문』, 2016.1.15.

24) 이케가야 유지, 『착각하는 뇌』, 김성기 옮김, 리더스북, 2009, 194쪽.

시사하는 바가 클 것이다.

속담에 '음식으로 못 고친 병은 약으로도 못 고친다.'는 말이 있다. 식물과 약은 그 뿌리가 같다는 의미로 '식약동원(食藥同源)'이라는 말을 다시금 되새겨봐야 한다. 농산물은 곧 약과 같은 효능을 발휘해준다는 것이다.

우리 농업이 과거는 양(量) 중심의 농업경영이었다면 이제는 소비자 맞춤식 질(質) 중심의 농업으로 나아가고 있다. 그래야만 서구화되어가는 입맛을 막는데 방파제 역할을 할 수 있다. 소비자 중심의 가치경영을 깊이 있게 생각해 봐야 한다. 관심 있는 농산물에 대해 특성과 효능을 잘 파악해야 한다. '알아야 면장을 한다.'는 속담이 있듯이 내가 먼저 이해해야 소비자를 설득시킬 수 있다. 그게 농산물 마케팅의 첫걸음이기도 하다.

IV

문학에서 묻는
농업의 길

1. 감성을 일으키는 문학

문학은 인간이 살아가는 이야기를 통하여 인간에 대한 이해를 높인다. 또 문학은 어떤 사물을 문화적 가치로 승화시켜 나가는데 매개물 같은 작용을 한다고 볼 수 있다. 우리 농업에도 문학적 가치를 접목시키면 한층 더 품격이 높아질 것이다.

문학은 주로 시, 소설, 수필 등으로 이루어진다. 인문학자 김경집씨는 『인문학은 밥이다』에서 "시는 삶과 세상의 압축파일이다. 시는 우리의 삶과 세상을 바라보는 신선하고 농밀한 시선"이라고 했다. 또 "소설은 내가 살아가는 세상과 삶을 다른 사람의 눈으로 대신 체험하는 것이다. 소설 한 권을 읽음으로써 전혀 다른 방식으로 세상을 읽어내고 해석할 수 있는 자양분을 얻을 수 있다"고 했다. 그리고 "수필은 삶의 진정성"이라고 했으며, "수필에는 사람의 향기가 있고 샘물같이 솟아나는 삶의 진정성이 담뿍 담겨 있다. 좋은 수필은 그냥 어느 장이나 펼쳐도 너그러운 반성과 살가운 희망을 만날 수 있다"고 했다.

문학의 개념을 사상이나 감정을 언어로 표현한 예술 또는 작품이라고 말하는데, 문학은 곧 마음을 깨닫는 분야라고 일컫고 있다. 쓴다는 것은 자신을 글로 투영하는 것이다. 우리는 글을 통해 인간의 느낌과 감정을 그대로 쏟아 놓을 수 있다. 인간 마음의 단편적 모습을 드러내는 시·수필·소설 등은 자신의 감정과 상상력이 함께 융화된 것이다. 그래서 문학은 우리의 마음을 담아서 그 가치를 향유할 수 있는 유일한 수단이라고 볼 수 있다.

무엇보다 우리말은 참으로 아름답다고 한다. 세종대왕께 무한 감사를 드려야 한다. 소설가 최명희 씨가 쓴 『혼불』을 읽으면 우리말이 이렇게도 아름다운 표현이 있을까 하고 감탄스러울 때가 많다. 언어 하나하나에 정말 혼(魂)을 심어 놓은 듯이 느껴지기도 한다. 그는 '언어'란 뜻에 대해 다음과 같이 소중한 의미를 부여하고 있다. "언어는 정신의 지문(指紋), 나의 넋이 찍히는 그 무늬를 어찌 함부로 할 수 있겠는가. 말에는 정령이 붙어 있다고 합니다. 그래서 말이 씨가 된다고도 하지요. 생각해보면 저는 소설이라는 이야기 속에 말의 씨를 뿌리는 사람인 것 같습니다. 그렇다면 어떤 씨를 뿌려야 할까, 그것은 항상 매혹과 고통으로 저를 사로잡고 있었습니다. 언어는 정신의 지문이고 모국어는 모국의 홈이기 때문에 저는 제가 오랜 세월 써오고 있는 소설 『혼불』에다가 시대의 물살에 떠내려가는 쭉정이가 아니라 진정한 불빛 같은 알맹이를 담고 있는 말의 씨를 삼고 싶었습니다." 이를 보면 말에는 우리의 정신이 담겨 있다는 것도 거듭 느껴야 할 것이다.

문학적 고찰은 상상력과 창의력을 자극한다. 인간의 본성과 경험에 대한 가장 직접적인 지식이 바로 철학과 심리학이고, 인간의 경험을 가장 효율적으로 창조하는 방법이 문학이라고 말한다. 글은 감성작용을 크게 만든다. 하얀 종이에 검은색 글씨만 적혀있는 시와 소설을 보고 사람들은 울고 웃는다. 공학적 기술로서는 창조할 수 없는 것들이다. 이처럼 문학의 창조성은 어느 것 못지않게 크다.

장석주 시인은 문학의 의미를 다음과 같이 말하고 있다. "문학은 경험과 일화의 포집, 무의식과 찰나의 현시, 상상력의 놀이이다. 더 쉽게 말하자면 말할 수 없는 것을 말하고, 천지간에 떠도는 향기와 미를 드러내며, 창백한 달과 검은 태양을 언어의 그물로 붙잡는 일이다. 문학이 곧 삶은 아니되 파롤이라는 거울에 삶이 고스란히 비춰진다. 거기에 흥미를 느껴 어느 날 갑자기 뭔가를 끼적이게 된 것인지도 모른다. …그리고 문학은 불행을 견디는 힘을 준다. 셰익스피어는 "불행은, 견디는 힘이 약하다는 걸 간파하면 더욱더 내리누른다."고 했는데, 문학은 불행을 견디고 저항하는 항체를 만들어 준다. 불행을 위로하고 상처를 치유하며, 불행의 거친 파고 속에 떠 있는 인생을 잔잔한 곳으로 이끌어낸다. 그리고 문학은 인습적 사유에서 벗어나 삶과 세계를 보는 통찰의 눈을 갖게 한다. 한마디로 독자를 더 똑똑하게 만든다."[1]고 했다. 그는 또 "글을 쓰는 일에는 분명 덧없이 사라지는 아름다운 찰나들, 그 순수하고 기이한 것들의 세부를 감히 불멸화하려는 초시간에의 불가능한 꿈이라는 게 작동한다."고 했다. 이는 글쓰기의 중요성에 대한 의미를 잘 표현하고 있다고 생각해보았다. 써야만 삶에 의미가 있고 생존할 수 있다는 작가의 정신에 응원을 보내고 싶다.

---

[1] 장석주, 『나를 살리는 글쓰기』, 중앙북스, 2018, 22~23쪽.

고대 그리스에는 전쟁터에서 승리하는 군인이나 스포츠에서 우승하는 사람들을 찬양하는 서정시를 읊는 전통이 있었다고 한다. 이는 영웅을 찬양하는 문학적 묘사야말로 후세에 길이길이 남게 된다는 의미이다.

　　인문학자 김헌 교수는 『인문학의 뿌리를 읽다』에서 언어의 중요성에 대해 이렇게 나타내고 있다. "페르시아의 침공을 막아낸 아테네와 스파르타를 중심으로 그리스 세계가 에게 해의 주도권을 차지할 즈음, 3명의 탁월한 합창 서정 시인들이 등장한다. 시모니데스(기원전 557~451년)와 바퀼리데스(기원전 516~451년) 그리고 핀다로스(기원전 520~440년경)다. 그들은 축제와 제전을 즐기기 위해 거리와 광장(Agora)과 극장으로 쏟아져 나오는 사람들을 위해 노래를 지었고, 흥겨운 연주와 공연을 주도했다. 한판의 유쾌한 난장을 위해 대중들은 노래에 목말라했다. 특히 사람들은 전쟁터로 향하는 젊은 전사들의 사기를 북돋워 주는 한편으로 전쟁의 승리를 노래하는가 하면, 영웅적인 전사자를 애도해야 했다. 언어는 행적보다 오랫동안 살아남는 것, 은혜의 여신들이 베푸는 행운을 입어 혀가 마음속 깊은 곳에서 퍼 올리는 것이다. …영웅들은 시인의 언어로 채색되지 않는 한, 불멸의 빛깔을 간직할 수 없다. 그렇게 시인은 신비로운 존재로 영웅의 창조자가 되어 영웅과 더불어 불멸하게 된다."[2] 이를 보면 역시 열광적이고 신나는 삶에는 서정적인 합창의 시가 필요하다고 느껴볼 수 있다. 함께 노래 부르고 춤을 추며 한순간을 짜릿하게 즐길 수 있고, 또 영혼을 불어넣는 것에는 서정적인 글로서 채색이 되어야 한다는 것을 시사해 주고 있다.

2) 김헌, 『인문학의 뿌리를 읽다』, 이와우, 2016, 81쪽, 83쪽, 84쪽.

이처럼 문학의 의미는 크다. 사물을 문학적 관점으로 접근해보는 것이 필요하다. 더불어 글쓰기는 위대함을 담는 그릇이라고 간주해 볼 수 있다. 아무리 훌륭한 업적을 남기더라도 글로써 남기지 못하면 그것이 후세에 제대로 알려질 수 없다. 글은 어쩌면 자신의 인격에 화룡점정(畵龍點睛) 역할을 하는 것이라고 여겨진다. 문학의 위력을 새삼 깨달아보자. 우리 농업에도 문학적 가치를 접목해 한층 더 품격과 멋의 옷을 입히는 산업으로 가꾸어 나가보자.

2. 문학적 향기가 나는 농촌

문학의 정서가 배어 있는 농촌지역을 가보면 감성적 느낌이 크다. 공감 능력이 크다보면 그 지역에 대한 농산물이나 지역적 특색이 더욱 돋보이게 된다. 내가 가본 농촌지역에서 문학적 향기가 진하게 나는 곳을 소개해본다.

토지 향기가 나는 '평사리'

2015년 가을, 경남 하동군 악양농협에서 주관하는 '여성대학'에서 강의를 한 적이 있었다. 처음 가본 하동 악양골은 지리산을 배경으로 강과 넓은 평야를 끼고 있는 전형적인 농촌지역, 자연의 운치가 정말 멋있어 보였다. 멀리 바라다보이는 구름도 쉬어간다는 너른 들판이 가관이었다. 또 섬진강이 손짓하는 곳이라 할 정도로 가까이 강물이 흐른다. 아기자기한 산세도 다정다감한 정서를 풍기는 듯했다. 아늑하고 평화롭기 그지없었다. 매화꽃과 벚꽃이 만발하는

4월이 되면, 새봄의 정취와 화사함으로 그 아름다운 풍경은 이루 말할 수 없다고 얘기한다. 많은 관광객으로 붐벼 인산인해를 이룬다는 것이다.

이 지역의 큰 자랑거리는 문학가 박경리 선생이 집필한 대하소설 『토지』의 배경이 된 평사리 최참판 댁이 있는 곳이다. 『토지』 속의 최참판 댁을 고스란히 재현해 놓았다. 최참판 댁 가옥은 드넓은 악양 들녘과 섬진강 물길이 한눈에 들어오는 상평마을의 언덕에 자리 잡고 있었다. 이 작품에서는 평사리 앞 넓은 평야가 최참판 댁의 땅으로 설정되어 있다. 『토지』는 시대와 사회, 문화 속에서 인간의 삶이 가진 갈등 구조를 가장 잘 표현한 문학작품이다. 갑오경장 후부터 일제강점기를 거치는 역사와 사회를 보여준다. 소설 속에는 당시 사회의 문화, 풍습 등이 폭넓게 반영된 자료가 많이 등장한다. 이처럼 『토지』가 워낙 문학적 가치로 높이 평가받다 보니 많은 관광객의 발길이 끊이지 않는다고 말한다. 훌륭한 작품을 쓰기 위한 작자의 고뇌의 흔적도 살펴봐야 할 것이다.

이곳에서 농협 직원과 잠시 차 한 잔을 했는데, 멀리 바라다보이는 곳이 바로 평사리 들판과 부부송(夫婦松)이라고 말하였다. 탁 트인 들판은 풍요롭기 그지없었다. 이 '부부송' 두 그루는 멀리서 보아도 유별나게 돋보이기도 했다. 어쩌면 그렇게 다정한 모습으로 서 있는지 말이다. 나는 강의 후에 일부러 시간을 내어 자연과 풍요로움이 넘쳐나는 마을길과 들길을 산책하기도 했다. 이곳 악양골에서 생산되는 대봉감은 옛날 임금님의 진상품이었다고 말한다. 지금도 농가에서는 대봉감 농사를 많이 짓고 있다.

이 지역이 슬로시티로서 지정될 만큼 지리적 여건이 아주 좋은 곳이기도 하지만 무엇보다 『토지』라는 문학의 힘이 참으로 크다는 것을 느꼈다. 글쓰기는 바로 이런 위대함을 창조한다는 사실을 실감하는 계기가 되었다. 문학은 역시 영원함을 낳는 예술이라고 믿고 싶다.

'메밀꽃 필 무렵' 봉평 장터

강원도 평창에 있는 봉평마을은 문학적인 향기가 물씬 떠오르는 곳이다. 나는 이 마을을 2008년 겨울에 아내와 같이 방문했다. 겨울철이지만 치악산 등산도 할 겸 이곳을 찾아가 보기로 했다. 역시 겨울의 농촌여행도 여름 못지않게 운치가 있음을 느낄 수 있었다.

추운 겨울이라 메밀꽃은 볼 수 없었지만 '봉평 메밀꽃'의 문학적 향기를 느낄 수 있었다. 겨울인데도 많은 방문객이 찾아들고 있었다. 이효석의 단편소설 「메밀꽃 필 무렵」에서 묘사한 메밀밭이 상품화되어 연중 관광객이 찾아오는 지역으로 바뀌고 있음을 느꼈다. 메밀을 원재료로 사용한 다양한 음식들은 한결 입맛을 돋우었다. 매년 9월이 되면 메밀꽃이 흐드러지게 펴 메밀밭을 보러온 사람들로 북적대고 발 디딜 틈이 없을 정도라고 말한다.

이효석 작가가 나고 자란 봉평면에는 생가터와 봉평초교 등이 남아 있고, '메밀꽃 필 무렵'의 작품 배경이 된 봉평장터도 여전히 5일장이 서는 등 전통이 잘 보존되어 있는 곳이다. 새롭게 단장된 '이효석의 문학관'은 이효석의 일대기와 문학작품을 엿볼 수 있게 정돈되어 있었다. 연간 쉼 없이 방문객이 꾸준히 방문하고 있다고 한다. 농촌관광객이 늘면서 사라져 가던 메밀밭이 더욱 각광을 받고 있다. 농촌문화와 자연이 어우러져 매력적인 관광지로 탄생된 셈이다.

「메밀꽃 필 무렵」 소설은 이효석 작가의 문학세계가 잘 응축된 작품이라고 말한다. 장돌뱅이의 애환을 그렸지만 인생을 자연과 융화시켜 서정적이고 미학적인 세계로 승화시키고 있다는 평가를 받고 있다. 소설 속 향토적 배경과 토속적인 언어는 더욱 돋보이기도 한다. 이처럼 소설이란 예술적 형식을 통해 오늘날 우리 자신들의 정서적 감정을 더욱 풍부하게 만들어주고 있는 것 같았다. 그래서 문학은 세월이 흘러도 우리의 의식을 변함없이 고양시켜 준다고 말할 수 있을 것이다.

시비(詩碑)의 향기가 담겨 있는 청매실농원

전남 광양에 있는 '청매실농원'에 가보면 농장 곳곳에 시비(詩碑)를 볼 수 있다. 이름 있는 시의 명구를 비석에다 새겨 놓았다. 농장의 운치가 한층 더 돋보인다. 이는 방문객들에게 아름다운 상상력을 가져다주게 된다. 이처럼 문학은 인간의 오감을 자극하는 영감을 준다.

청매실농원 홍쌍리 대표야말로 한국 농업인의 훌륭한 지도자상이다. 40여 년 전, 광양의 백운산 비탈진 산자락에 밤나무를 베어내고 매화나무를 심기 시작, 그간 온갖 어려움과 시련을 이겨내고 오늘날 우리나라의 성공한 농장을 대표할 만한 청매실농원을 일구어냈다. 그야말로 '쓴 것이 다하면 단 것이 온다[고진감래(苦盡甘來)]'의 교훈을 실감 나게 보여주고 있다. 그는 평생 오로지 매실 농사에 희망과 신념을 가지고 살아왔다. 의지와 열정으로 매실농장에 삶을 불태워온 여성농업인이다.

나는 이 농장을 여러 번 가보았지만 처음 이곳을 방문했을 때는 바로 매화꽃이 한창 핀 2010년 4월 초 무렵이었다. 이때가 바로 푸른 청보리밭과 새하얀 매화가 절정을 이루는 시기였다. 가지런히 정리된 2,500여 개의 매실 항아리의 모습은 보기에도 일품이었다. 시야에 들어오는 유유히 흐르는 섬진강은 평화스러운 모습이 그지 없었다. 바로 인근에는 화개장터의 아기자기한 모습과 쌍계사 벚꽃 길은 아름다운 자연의 진수를 보여주는 것 같았다. 이곳은 국내 최초의 차 시배지이기도 하다. 이처럼 홍쌍리 여사는 자신의 농장뿐만 아니라 이 지역 주변을 전국 최대의 매화꽃단지를 형성하는 데 크게 기여하였다. 하나의 집념으로 잉태된 씨앗이 먼 훗날 큰 나무가 되듯이 말이다.

그는 우리 농업이 6차 산업으로 나아가야 한다는 것을 일찍이 간파해 매실을 가공한 여러 가지 매실가공식품을 개발했다. 매실장아찌·매실잼·매실환·매실된장·고추장 등을 만들어 부가가치를 높이고 있다. 여기에 매실농원에 문학적 가치를 접목시켜 문화의 향기가 솟아나는 농장으로 만들어놓기도 했다. 매실나무 하나에 담긴 정성의 씨앗이 이만큼 놀라운 성과를 나타내고 있는 것이다. 이 농원에서 내게 큰 느낌으로 와 닿은 것은 유명 시인들의 글귀가 담겨 있는 시비(詩碑)가 곳곳에 설치되어 있다는 것이다. 매실나무가 문화, 관광산업으로 발전되는 희망의 증거를 보여주고 있었다.

이처럼 시는 많은 영감을 준다. 그만큼 영향력이 크다는 얘기다. 문학을 공부한다는 것은 자신에게 상상력과 감수성을 키워주는 큰 동력이 될 수 있다. 두바이의 셰이크 모하메드는 홈페이지에 시인으로 소개되어 있다. 그의 업적은 사막에 쓴 시적 상상력으로 평가받는다. 그만큼 시는 우리에게 상상력과 창의력을 자극하는 데도 많은 도움이 된다고 볼 수 있다.

섬진강 시인 김용택 씨는 '섬진강'이라는 인문지리를 일찍이 선점해 자신의 문학 자산으로 끌어들였다. '섬진강'이라는 자연에 문학적 감성을 접목한 것이다. 그의 섬진강 관련 시를 읽어보면 섬진강이 그리워진다. 마치 힐링의 치유를 받는 느낌이다. 그의 시집 속의 섬진강 마을들은 산업화에 몸살을 앓으며 해체 직전이지만 그런 망가진 모습조차 고향 잃은 현대인에게 위로가 된다고 했다. 섬진강이 마르기 전까지는 김용택 시인의 이미지를 되뇔 수 있을 것이다. '영변에 약산 진달래꽃'하면 김소월 시인을 연상하듯이 말이다.

이와 같이 어떤 현상이라도 문학적 접목의 가치는 영감과 의미를 더욱 깊게 해주는 울림이 있는 것 같다. 그게 바로 문학의 힘이라고 느껴본다.

3. 글쓰기는 위대함을 창조

나는 지금까지 3권의 책을 썼다. 하지만 집필할 때는 온갖 정성을 기울였지만 막상 책을 발간 후 나중에 다시 보면 부족한 면이 여러 곳에서 보이곤 한다. 여전히 글쓰기는 어렵다는 것을 느끼고 있다. 그런데도 나의 브랜드를 구축하기 위해서는 꼭 써야 된다는 마음가짐을 갖고 있다. 지식산업에 뛰어든 이상 글쓰기는 숙명적인 일이라고 여겨본다. 글쓰기야말로 자신의 가치를 높이는데 최고 생산품이 아닌가 생각해본다. 나의 블로그에도 글을 수시로 올리는 것도 글의 힘이 대단하다는 것을 알기 때문이다. 이순신 장군은 임진왜란 전쟁 중에서도 『난중일기』를 써 더욱 위대함을 나타내고 있다.

전쟁사의 일들이 고스란히 나타나고 있어 더욱 역사적인 고귀한 자료가 되고 있다.

글쓰기는 생각을 체계적·합리적·논리적으로 펼치는데도 큰 작용을 하게 된다. 현재 내가 이 책을 쓰고 있는 이유 중 하나도 관련된 지식을 좀 더 체계적으로 정립함에 있다. 그래서 글을 쓴다는 것은 '지적 연결'이고 '사고의 체계'이기도 하다. 읽기만 하면 '지적 소비'이고, 글로써 남기게 되면 '지적 생산'이 된다. 글쓰기는 지식과 사고의 연결로 제품을 만드는 것이다.

글쓰기의 중요성에 대해서 인문학자 고미숙 씨는 『호모 코뮤니타스』에서 이렇게 말한다. "가장 중요한 건 뭐니 뭐니 해도 글쓰기다. 누구든 글쓰기를 해야 비로소 지식생산에 참여할 수 있다. 이를테면, 글쓰기는 귀농 공동체의 '농사짓기'에 견줄 수 있다. 농사가 땅을 일궈서 먹고사는 노동이라면, 글쓰기는 '마음의 대지'를 일구는 노동이다. 농부들이 곡식을 수확하여 세상에 유통시키는 것처럼 지식인들도 글과 책을 통해 '마음의 양식'을 널리 순환시켜야 한다. 누구든 스스로의 힘으로 먹고살 수 있어야 하늘아래 머리 굽히지 않을 수 있는 법, 지식인에게 그 길은 오직 글쓰기뿐이다.3) 이처럼 글쓰기는 마음의 양식을 순환시키고, 또 먹고 사는데도 하나의 수단이 된다는 것을 알 수 있다.

칼럼니스트 박보균 씨는 '세상을 바꾸려면 글을 써라'는 의미에 대해 다음과 같이 말하고 있다. "마르틴 루터의 종교개혁은 글과

---

3) 고미숙, 『호모 코뮤니타스』, 북드라망, 2013, 188쪽.

말의 힘으로 시작했다. 루터는 "세상을 바꾸고 싶으면 펜을 들고 그리고 써라"고 했다. 루터의 종교개혁은 구텐베르크의 인쇄술로 뒷받침됐다. 1517년 루터의 인쇄된 반박문은 대중 속으로 퍼졌다. 루터의 글은 세상을 바꿨다.

루터의 글쓰기는 조지 오웰의 『나는 왜 쓰는가(Why I write)』를 떠올린다. 오웰의 에세이는 집필 동기를 네 개로 분류했다. '순전한 이기주의, 미학적 열정, 역사적 충동(Impulse), 정치적 목적'이다. '정치적 목적'은 세상을 특정 방향으로 밀고 가려는 욕구다. 그것은 그의 작가적 삶의 동력이다. 그의 갈망은 정치적 글쓰기를 예술로 만드는 일이었다. 오웰의 『카탈루냐 찬가』는 르포 소설이다. 그는 그 소설을 "솔직히(Frankly) 정치적 책"이라고 했다. 오웰은 영국의 사회주의자다. 그는 스페인 내전(1936~1939)에 뛰어들었다. 그는 인민전선의 통일노동자당 의용군이었다. 그는 저격수 총에 쓰러졌다. 기적적으로 목숨을 구했다.

혁명의 속성은 타락과 배신이다. 인민전선 내부는 분열했다. 스페인 공산당은 통일노동자 당원도 숙청했다. 오웰은 수배자 신세로 탈출했다. 『카탈루냐 찬가』는 그런 경험과 환멸을 담았다. 그 시절 영국의 지식인 대다수는 오웰을 외면한다. 그것은 무지와 순진함의 발로였다. 알면서도 소련의 거짓 선동에 종사했다. 폭로의 용기가 부족하기도 했다.

오웰은 레닌 혁명의 환상을 깼다. 그는 공산주의식 공포정치와 인간성 말살, 대중조작의 속성을 간파했다. 그런 내용의 책들이 『동물농장』, 『1984년』이다. 그 글쓰기는 정치적 투쟁이었다. 가짜 뉴스, 편향된 시각, 강요된 이념에 맞선 고발과 저항이었다. 그것은 세상을 바꾸는 묵시록(默示錄)으로 작동했다."[4] 무조건 써라! 그것만이 의미 있고 세상을 바꾸는 위력을 지니게 된다는 것을 시사해 주고 있다.

또 글의 힘은 어떤 현상을 역사적 문화유산으로 남기는데 위력을 발휘한다. 기록으로 남아 있는 가장 오래된 문명은 수메르 문명이라고 말한다. 기원전 3000년경부터 수메르인은 점토판에 그들의 글자를 새겨두었다. 그게 오늘날 고고학적 연구로 발견돼 인류의 귀중한 문화유산으로 주목을 받고 있다. 농업과 관련된 수메르의 점토 기록은 기원전 1700년경에 새겨졌다고 한다. 농업에 대한 최초의 기록으로서 읽히고 있다. 수메르의 농사 '지침서'는 농부가 성공적인 수확을 거두기 위해 반드시 해야 하는 중요한 일상의 일과 노동에 관한 것이다.

고고학자 새뮤얼 노아 크레이머가 쓴 『역사는 수메르에서 시작되었다』에서 당시 점토판에 적힌 농업기술에 대해 재미나는 이런 얘기가 나온다.

"씨가 흙을 뚫고 나오는 날, 농부는 자라는 곡물에 해를 끼치지 않도록 들쥐와 해충의 여신인 닌킬림에게 기도를 올려야 한다. 그는 또한 새들을 쫓아야 한다. 보리가 고랑의 좁은 바닥을 채우도록 충분히 자라면 물을 주어야 한다. '보트 가운데 있는 돗자리와 같이' 보리가 밭을 빽빽이 덮으면 그는 두 번째로 물을 주어야 한다. 세 번째로 그는 '훌륭히 자라는' 곡물에 물을 주어야 한다. 그리고 그는 젖은 곡물이 붉게 물들지 않는지 눈여겨보아야 한다. 그것은 농작물을 위험에 빠뜨리는 무서운 '사마나병'이다. 곡식이 더 자라나면, 그는 네 번째로 물을 주어야 한다. 그것으로 그는 일 할의 수확을 더 올릴 수 있다.

---

4) 박보균, 『중앙일보』, 2017.12.28.

추수할 때가 되면, 보리가 무게에 못 이겨 고개를 숙이기 전 '꼿꼿이 서 있는 동안' 자르는 것이 좋다. 추수는 세 사람이 한 조를 이루어 한다. 한 사람은 베고, 다른 한 사람은 벤 것을 묶는다. 세 번째 사람의 일은 불확실하다.

추수 직후에 이루어지는 탈곡은 쌓아 올려진 곡물 줄기들의 앞뒤로 왔다 갔다 하는 썰매에 의해 5일간 진행된다. 그런 후 보리는 황소가 끄는 도구로 껍질이 벗겨진다. 이때 보리는 땅바닥에 닿아 지저분하게 된다. 그래서 적당히 기도를 한 후 갈퀴로 키질을 해서 흙먼지를 없앤다.

이 기록은 농사의 규율은 농부가 아니라, 수메르 최고의 신 엘린의 아들이자 '진실한 농부의 신', 니누르타에 의해 만들어진 것이라는 말로 끝난다."5)

이것을 보면 고대의 농업풍경을 조금이나마 상상해보며 그 향기를 맡아볼 수 있을 것이다. 당시 곡물은 물론이고 채소밭과 과수원은 수메르의 경제적 부의 원천이었다고 말하고 있다. 이런 사실도 점토판에 문자를 남기지 않았으면 오늘날 후세들이 도저히 알 길이 없을 것이다.

글은 쓴다는 그 자체도 중요하지만 글쓰기 태도에 대한 진정성도 가져야 한다. 글쓰기는 영혼의 도끼 역할을 해야 하는 것이라고 작가 정여울 씨는 말한다. "글쓰기가 결코 깨지지 않는 이 세상의 장벽을 다만 한 귀퉁이라도 깨부술 수 있는 영혼의 도끼가 되지 않는다면 무슨 소용이 있을까요. 아직 그 단단한 장벽을 깨부수기에는

---

5) 새뮤얼 노아 크레이머, 『역사는 수메르에서 시작되었다』, 가람기획, 2018, 105~106쪽.

너무도 물러 터진 내 글쓰기를 반성하는 일조차 제게는 찬란한 축복입니다. 저는 반성하는 일조차 저는 활발히 유통되는 저자가 아니라 소통하는 작가가 되고 싶습니다."6) 이는 글쓰기 목적의 진정성을 말해주고 있다. 짧은 하나의 글이라도 진실한 마음을 담아내는 것이 중요할 것이다.

문제는 글을 쓴다는 것은 쉬운 게 아니다. 글을 쓰는 것은 고독과 대면하는 일이다. 세상에 없는 고독의 형상을 빚는 일이다. 어떨 때는 아무리 고민을 해도 글이 나오지 않을 때도 있다. 그냥 공허한 마음으로 생각만 이것저것 하게 되고 글은 써지지 않는 경우가 많다. 그런데 묘하게도 마감 시간이 다가오면 어찌하든지 백지에 글이 채워지게 된다. 수돗물을 최대한 틀면 마치 물이 나오듯이 말이다. 내가 신문사에서 원고를 청탁받을 때 마감 날짜가 다가오면 희한하게도 원고가 다 완성되는 것을 여러 번 느껴보기도 했다. 그래서 '글은 무조건 쓰면 된다.'는 생각을 해 보았다.

우리 농촌에는 글감들이 무수히 많다. 자기 경험에 뿌리를 내려 그 지층에 숨은 수많은 이야기를 찾아내서 쓰면 된다. 자연환경에 대한 감상, 텃밭에서 작업한 것, 농산물 수확의 보람 등 농촌현장의 모든 것이 글감이다. 그게 글로 남기면 감성이 담기고 의미가 부여된다. 경험을 바탕으로 그것에 귀를 기울이며 상상력을 뒤섞어 이야기를 발효시키는 것이다. 무엇보다 글은 마음의 밭을 일구는 경작의 연장 선상이 될 수 있다. 또 글은 농산물소비자인 도시인의 마음을 움직이기도 한다. 글은

---

6) 정여울, 『공부할 권리』, 민음사, 2016, 313쪽.

자존감을 찾는 기회로 더욱 활력 있는 삶을 얻게 될 수도 있다.

그런데 글쓰기에는 땀과 정성을 들여야 한다. 글은 영감이 아니라 엉덩이로 쓰는 것이라고 말한다. 인터넷으로 연결되는 네트워크 세상, 바야흐로 그 어느 때보다도 글로 사람의 마음을 사로잡고, 설득하고, 변화시키는 본격적인 시대가 왔다. 글을 쓰는 사람이 곧 미래를 얻게 된다는 사실을 잊지 말자.

4. 상상력이 묻어나는 이야깃거리 만들기

글은 감성의 폭을 넓혀줄 뿐만 아니라 재미나는 구성으로 홍보 노릇을 단단히 해주기도 한다. 오늘날 글은 인터넷이라는 채널을 통해 순식간에 세계적으로 퍼진다. 자신의 농장을 얼마든지 자랑스럽게 알릴 수 있다. 그게 바로 글로써 출발한 스토리의 힘이다. 흔히들 "말의 힘은 소총이요, 글의 힘은 탱크"라고 말한다. 글로써 널리 알려야 한다. 그게 인지도를 확실히 넓혀갈 수 있는 훌륭한 프레임이라고 여겨진다.

글에는 원래 상상력이 담기게 된다. 때로는 과거에 대한 통렬한 반성도 있겠지만 반대로 미래로 나아가는 길에는 항상 희망이 담기게 마련이다. 그 희망에는 반드시 상상력의 나래를 펼치게 될 것이다. 언젠가 그 상상력을 곧 현실로 구현해 나가는 계기를 마련할 수도 있다. 글로써 잉태한 감성적 상상이 현실로 열매를 맺는 경우를 종종 볼 수 있다. 희망적 메시지를 주면 그게 하나의 에너지나 행복감으로 작용할 수도 있다.

성공하는 마케팅이 되기 위해서는 자신의 이미지를 뚜렷하게 부각시켜야 한다. 차별화되고 고유한 아이덴티티 이미지 목표를 설정하고 추진해 나가야 한다. 고객의 뇌리에 분명한 위치를 차지하는 포지셔닝에 더욱 분발해야 한다. 흔히들 마케팅의 치열한 전장은 시장이 아니라 소비자의 마음이며, 제품 간의 싸움이 아니라 인식의 싸움이라고 말한다. 똑같은 농산물이라도 그것을 어떻게 가치 있게 표현하느냐에 따라 농산물 판매가격이 달라질 수 있다. 물론 농장도 마찬가지다.

경기도 양평에 다물농산이 있다. 문성균 대표는 한과를 스토리텔링 마케팅으로 아주 성공한 여성농업인이다. 1월 1일 일출을 보러 백운봉 산에 온 사람들에게 한과 시식회를 전략적으로 열기도 한다. 그때 "누에고치 모양의 유과를 먹으면 한 해가 운수대통이다"는 스토리텔링 마케팅을 펼친다. 새해를 맞아 각오를 다지던 등산객들에게 호응도가 좋아 불티나게 팔린다고 한다.

또 하나는 한과에 카네이션을 융합한 스토리마케팅이다. 매년 5월 어버이날에는 양평지역 군부대를 들러 카네이션이 담긴 한과를 납품한다고 한다. 장병들은 다물한과에 그리움을 담아 고향 땅 부모님에게 선물을 보내니 인기가 만점이라는 것이다. 카네이션 스토리 효과를 최대한 노리는 것이다. 이처럼 스토리텔링의 위력을 실감한 문성균 대표는 끊임없이 새로운 전략을 구사하기 위해 창의적 방법을 모색해 나가고 있다.[7]

이처럼 농업경영에는 의미 있고 재미나는 스토리를 담아야 한다. 똑같은 현상이더라도 더욱 진가를 발휘하게 될 것이다. 농산물

7) 농림축산식품부, 『미래 성장산업을 이끄는 우수 농업인들』, 2015, 53쪽.

마케팅 커뮤니케이션 전략에도 자기다움의 색깔을 드러내야 한다. 그렇게 하기 위해서는 자신만의 스토리가 가미되어야 한다. 사람들은 누구나 '이야기'에 매료되어 쉽게 빠져드는 본성이 있다. 이유는 감정을 자극하고 호기심을 유발하는 까닭이다. 같은 내용이라도 이야기식으로 전달하면 더욱 이해를 높이고 공감대를 형성할 수 있다. 자신의 메시지에도 이야기식으로 엮어 가면 더욱 고객의 흥미를 유발시킬 수 있다.

일본 다마키 츠요시·혼다 테츠야가 쓴 『세상을 움직이는 파워마케팅』에 이런 얘기가 나온다.

"사람들은 역사 교과서보다는 한 편의 대하드라마를 통해서 역사에 더 관심을 갖는다. 난해한 경영서보다는 기업을 소재로 한 드라마나 소설이 인기를 얻는다. 단순한 여행 정보보다는 기행 에세이가 더 재미있다."[8] 어떤 제품이라도 고객을 사로잡을 수 있는 흥미가 없으면 제대로 된 효과를 거둘 수 없다는 것이다. 이야기를 할 때도 오감을 자극하는 내용으로 관심을 끈 다음, '하고 싶은 말'을 전달하는 방법을 활용하면 더욱 유익한 소통전략이 될 수 있다. 자신의 농장에 대해 스토리를 담아 온-오프라인을 통해 전파하면 더욱 파급효과가 클 것이다.

일본에서 술에 스토리를 담아 성공한 아주 교훈적인 양조장의 사례가 있다. 리오 메그루가 쓴 『잘 팔리는 공식』에 다음과 같이 소개되어 있다.

---

8) 다마키 츠요시·혼다 테츠야가, 『세상을 움직이는 파워마케팅』, 에이지21, 2004, 133쪽.

"일본 기후 현에 있는 치고노이와 주조는 1909년에 창업해 100년의 역사를 자랑하는 유서 깊은 양조장이다. 이곳의 최대 강점은 '일본 계단식 논 100선'에 선정될 만큼 아름다운 논에서 재배한 쌀로 술을 빚는다는 것이다.

이는 다른 양조장에서 따라 하고 싶어도 절대 따라 할 수 없는 치고노이와 주조만의 압도적인 강점이다. 보통 이런 독자적인 강점이 전혀 없는 양조장에서 만든 술은 '도수가 몇 도이지만 깔끔한 맛을 자랑하는 술'이라든지 '100% 쌀로만 빚은 술'이라는 기능적인 측면을 강조하기 마련이다. 누구나 쉽게 따라 할 수 있는 부분을 강조한다고 독특한 강점이 될까? 절대 그렇지 않다.

하지만 이 양조장은 '100년 이상의 역사를 자랑하는 양조장에서 일본 계단식 논 100선에도 선정된 논에서 재배한 쌀로 빚은 술'이라는 점을 내세운다. 거기에 아름다운 논의 전경 사진까지 덧붙인다면 그 술맛은 차원이 달라진다. 이 술의 배경이 되는 스토리가 술맛에 깊이를 더해 주기 때문이다.

그런데 치고노이와 주조는 판매 방법도 독특했다. 대음양주(정미비율이 50% 이하인 백미로 만든 술)나 순미주(쌀로만 만든 술), 탁주(맑은 술을 떠내지 않고 그대로 걸러서 만든 술) 등 다양한 술을 세트로 묶어서 판매한다. 그런데 그 세트에는 이 술의 원료인 계단식 논에서 생산된 쌀도 포함된다. 쌀은 2홉이나 3홉 정도로 아주 소량이지만 이로 인해 술의 스토리가 만들어져 고객의 마음을 사로잡는 브랜드로 거듭났다."9) 제품에 신선한 스토리를 입힌 성공적 마케팅 사례이다.

---

9) 리오 메구루, 『잘 팔리는 공식』, 비즈니스북스, 2015, 46~47쪽.

우리도 우리만이 갖고 있는 스토리가 담겨 있는 농촌의 가치를 결합한 강점을 살려야 한다. 그게 바로 마케팅에서 '차별성'이라고 말할 수 있는 'USP'(Unique Selling Proposition) 만들기이다. 즉 '특징을 가치로 발전시켜 고객에게 제안하는 것'을 말한다. 앞으로 독특성을 띤 이야깃거리가 될 농촌의 가치에 우리 농산물과 결부시켜 세일즈하는 방안을 강구해보면 더욱 호소력을 띠게 될 것이다.

농산물판매에는 소비자의 상상력을 자극토록 하면 더욱 비싸게 팔릴 수도 있다. 예를 들어 "이 농산물을 사 먹으면 건강뿐만 아니라 행운이 좋다"고 말하면 소비자는 감성적 자극을 받게 된다. 호응도가 좋다면 그 농산물은 자연적 비싸게 팔리게 될 것이다.

일본에서 일어난 감성적 농산물판매의 한 사례를 보면 이렇다.

첫 수확한 포도 한 송이에 담겨 있는 감성적 느낌에 대한 값이다. 놀랍게도 첫 수확한 포도 한 송이에 100만 엔을 받고 팔렸다는 것이다.

"자 갑니다, 햐쿠만 엔(100만 엔)!" 지난 9일 새벽 일본 이시카와현 가나자와 시 중앙도매시장. 올해 첫 출하된 포도 '루비 로망'이 경매대 위로 올라오자 시장 안이 술렁였다. 미니 럭비공만한 크기에 무게 700g, 포도알 26개가 달린 포도였다. 입찰 참가자들이 저마다 손을 번쩍번쩍 들었다. 치열한 낙찰 경쟁 끝에 100만 엔(약 926만 원)을 써낸 가나자와 닛코(日航)호텔이 포도의 주인이 됐다. 역대 포도 경매 최고가로, 포도 한 알마다 우리 돈 약 36만 원씩 지불한 셈이다.

이 호텔 총주방장 히라이 마사유키 씨는 "딱 100만 엔에 낙찰받다 보니 무척 느낌이 좋은 금액이라 기쁘다"며 "호텔 레스토랑 VIP 코스요리 디저트로 이 포도를 쓸 생각"이라며 포도를 품에 안고 싱글벙글했다.

루비 로망은 이시카와 현 농업협회가 1995년부터 13년간 품종 개량을 거듭해 만든 포도다. 골프공을 닮은 루비 로망의 포도알은 거봉에 비해 2배 이상 크다. 포도의 붉은 빛과 단맛도 일반 포도에 비해 강하다.

특별한 포도로 인기가 높아, 도쿄·오사카 등 대도시권 고급 백화점에서 한 송이에 1만 엔가량에 팔린다. 매년 여름 1만 송이 이상 출하되지만, 일본인들의 관심은 '첫 루비 로망의 첫 경매 가격'에 쏠린다. "누가 얼마나 내고 복을 가져갈까" 하는 호기심 때문이다.

일본에서는 그해 처음 수확된 농·수산물이 행운을 가져다준다고 믿기 때문에 매년 치열한 입찰 경쟁이 벌어진다. 루비 로망의 경우 2008년 처음 경매에 등장했을 때 10만 엔에 팔렸고, 매년 경매 신기록을 경신해 왔다. 지난해에는 한 웨딩업체가 55만 엔에 낙찰받아 결혼식 피로연에 사용했다.

올해는 낙찰액이 2배 가까이 껑충 뛰었다. 지난 3월 가나자와 시와 도쿄를 잇는 호쿠리쿠 신칸센이 개통되면서 올해가 이 지역에 운수대통한 해가 된 덕분이다. 신칸센이 뚫리고 관광객이 몰려와 지역 경제가 살아나면서 '2015년의 첫 루비 로망'을 낙찰받으려는 경쟁이 한층 더 불붙었다.

첫 수확물의 기운을 느끼려는 일본인들의 열망은 품종과 지역을 가리지 않는다. 망고 특산지인 미야자키 현에서는 1kg짜리 상자에 처음 포장된 망고 2개가 30만 엔에 거래된다. 이시카와 현의 표고 버섯은 500g 한 박스가 2만 3,000엔에 팔린다. 같은 무게의 송이버섯보다 7,000엔가량 더 비싸다.

이와테 현 모리오카 시에서는 사과 28개가 담긴 상자(10kg)가 65만 엔에 팔려나간다. 사과 한 개당 20만 원이 훌쩍 넘는다. 멜론이 유명한 홋카이도 유바리에서는 최고 경매가 250만 엔에 거래된 기록이 있다.

첫 수확물의 낙찰액이 가장 치솟는 곳은 세계 최대 수산시장인 도쿄 쓰키지(築地) 시장이다. 참치에 울고 웃는 상인들은 새해가 밝을 때마다 경매대에 가장 먼저 나온 참치를 차지하기 위해 낙찰 전쟁을 치른다. 지금까지 참치의 사상 최고 거래액은 2013년 1억 5,540만 엔이었다."10)

이처럼 일본에서는 지역과 시기에 관계없이 첫 수확물의 기(氣)를 받고 행운을 얻으려고 한다. 첫 수확물은 행운을 상징한다고 해서 아주 비싸게 팔린다는 것이다. 첫 수확농산물에는 신선한 에너지와 기운이 담겨 있다는 것이다. 또 사람의 정성, 변화무쌍한 자연환경 속에 인고의 세월을 겪으면서 마침내 탄생한 것이라고 여기고 있다. 이처럼 첫 수확물에는 많은 의미를 부여해도 좋을 것 같다.

자신의 농산물에 대해 가치를 부여하는 방법을 찾도록 해보자. 무엇보다 나만의 농사 이야기를 담아보자. 거기에는 자신의 농사철학과 가치관이 배어 있다. 또 정성과 땀 흘린 흔적이 묻어 있다. 소비자는 애정의 이야기가 담긴 그런 농산물에 더욱 사랑하게 될 것이다. 좋은 스토리 소재 발굴과 구성으로 상상력이 묻어나는 이야깃거리를 만들어보자. 그게 자신의 농산물을 더욱 품격 있게 해 줄 것이다.

---

10) 『조선일보』, 2015.7.25.

5. 스토리에 매혹당하는 마인드 셰어

요즘 중국에서는 최근 노래가 실린 유명가수의 CD가 잘 팔리지 않는다고 한다. 그보다는 가수 개인의 이야기가 담긴 스토리북이 더욱 사랑을 받고 있다는 것이다. 사람들은 근본적으로 이야기를 좋아한다. 누구나 스토리가 있는 상품과 기업에 솔깃해한다. 재미나는 이야기가 있으면 열광하기도 한다. 그래서 기업들은 자사의 상품에 대해 스토리 만들기에 혈안이 되고 있다. 한류 드라마가 엄청난 클릭 파워를 가진 것도 스토리 때문이다. 조앤 K. 롤링의 『해리포터』도 역시 마찬가지다. 판타지 이야기를 그린 소설 시리즈다.

농산물에도 문학적 스토리를 담으면 그 가치가 한결 돋보이게 된다. 똑같은 물건이라도 거기에 의미를 어떻게 부여하느냐에 따라 다가오는 느낌은 천차만별이 된다.

몇 년 전 서울 광화문에서 점심을 먹었는데 그 식당 주인은 스토리텔링 마케팅을 아주 잘하였다. 의식적으로 스토리마케팅을 하려고 작정한 듯이 보였다. 식탁 위에 고추를 두고 하는 말이 "이 고추는 세종대왕 왕릉이 있는 여주에 있는 아늑한 산자락 밑, 맑은 계곡 옆 농장에서 자란 것입니다. 친환경재배 농산물입니다…" 고추 맛이 한결 다른 것 같았다. 김치를 식탁 위에 갖다 놓으면서 "이 김치는 대관령 고랭지 채소로 담은 것입니다." 또 "이 느타리버섯은 설악산 부근의 산자락에서 신토불이 농산물 재배에 자부심을 갖고 열심히 농사를 짓는 어느 농업인이 재배한 것입니다." "……" 등, 반찬 하나하나에 모두 스토리가 담겨 있는 듯 그는 구수하게 입담을 늘어놓았다.

식탁 위의 음식들에 대해 스토리를 열심히 듣다 보니 음식이 뭔가 다르다는 느낌을 가질 수 있었다. '아! 이게 스토리텔링의 효과이구나!'라는 감이 와 닿았다. 인간의 두뇌는 역시 말의 영향을 자연스럽게 받을 수밖에 없다. 식당 주인의 재미나는 스토리텔링에 한결 정감을 느끼는 듯 고객들로 항상 붐비고 있다는 어느 손님의 평이다. 똑같은 음식이라도 정보를 알고 먹는 것과 그냥 먹는 것과는 차이가 나게 마련이다.

이처럼 스토리는 듣는 이로 하여금 상상력을 발휘토록 해 실체감을 느끼도록 만든다. 고객은 스토리에 매력을 갖는다. 그래서 스토리는 부가가치를 창출해 주는 주효한 수단이기도 하다. 또한 스토리텔링은 자신의 정체성을 찾아가는 길이기도 하다. 떠오르는 스토리마케팅 시대에 우리 지역, 우리 농장에서 생산한 농산물에 대해 어떤 스토리를 담아서 마케팅을 해 볼까를 고민해 보면 좋을 것이다. 이게 차별화된 지속 가능한 농산물 판매를 가능하게 해 줄 것이다. 매출에 위력을 발휘해주는 스토리텔링 마케팅전략을 펼쳐나가 보자.

이제 농업 경영인의 블로그나 홈페이지는 제2의 농장이다. 거기에 자신의 농사 이야기를 글로써 남겨 놓아야 한다. 그게 인터넷 농사이다. 그러면 누군가가 와서 보게 된다. 자연적 농장이 알려지게 된다. 소비자의 인지도는 그게 쌓이고 쌓여서 형성되게 된다. 관심을 가진 소비자는 농장을 방문할 수도 있고 또 농산물을 구매할 가능성이 있게 된다. 나의 블로그에도 시시콜콜한 얘기까지 다 올려놓는다. 사소한 것에도 사람들은 관심을 기울인다. 거기에 스토리가 담겨 있기 때문이다. 이야기는 클릭의 힘을 유발한다. 그만큼 스토리는 파급력이 크다.

글뿐만 아니라 사진까지 함께 올려놓으면 더욱 좋다. 읽는 것보다 보는 것에 독자들은 더 익숙하다. 빅 데이터 트렌드를 봐도 '읽는 것'보다 '보는 것'이 더욱 많다는 것을 알 수 있다. 휙 한번 보는 습성은 시간 절약에다가 오감을 자극할 수 있는 장점을 지니고 있다. 농사를 지어가고 있는 사진을 많이 올려놓자. 그러면 더욱 우리 농장에 매력을 느끼게 될 것이다.

또 고객은 자신이 소비하고 있는 농산물에 대해 생산자 및 농장, 재배방법, 특성 등을 알면 그 농산물을 더욱 선호하는 경향이 있다. 그래서 스토리가 담겨 있는 농산물을 좋아하게 된다.

다케이 노리오가 쓴 『더 높은 가격으로 더 많이 팔 수 있다』에서 "소비자는 정보를 통해 구매를 결정한다."고 말한다. 소비자는 정보를 통해 비교하는 습성이 있다는 것이다. 그는 다음과 같은 사례를 통해 정보제공의 중요성을 강조하고 있다.

"나는 마케팅 강연 때 여러 차례 이 조사를 실시한 적이 있습니다. 화면에 가격만 노출된 세 가지 사과 사진을 보여주고 어느 것을 선택할지 물으면 80%의 사람이 98엔짜리를, 20%가 120엔짜리 사과를 선택했고, 300엔짜리를 선택하는 사람은 거의 없습니다(단순하게 사과를 그룹별로 두고 가격만 표시한 것임).

그런 다음 POP가 붙은 사진을 보여 주고 다시 조사해 보면 98엔이 20%, 120엔이 40%, 300엔이 40%라는 결과로 바뀝니다.

보기에는 같은 사과라도 당도가 높다거나 무농약・화학비료를 사용하지 않은 'OO마을의 00 씨가 만든 사과'라는 생산자의 이름이 추가 정보로 덧붙여지면 우리의 선택은 크게 바뀝니다."[11]

이처럼 소비자는 특정한 정보나 마음을 울리는 감동적인 스토리를 찾는다. 사람의 마음속에는 카테고리마다 '마인드 셰어'가 존재한다. 마인드 셰어(Mind Share)란 소비자의 마음속에 특정 기업이나 브랜드가 어느 위치에 있는지를 비율로 나타내는 것을 의미한다. 간단히 말해 마음속에 점하는 중요도를 가리킨다. 고객의 마음에 강한 인상을 남길 수 있는 자신의 철학이나 가치관이 무엇인가를 다시금 생각해보자. 나름 그게 정리가 되면 글로 쓰고 스토리를 만들어 인터넷 등 매체를 활용하여 널리 알려야 한다.

파워 마케팅을 만들기 위해서는 재미나고 유익한 이야깃거리를 끊임없이 접목시켜 나가야 한다. 새로운 소재를 발굴해 나가고 또 어떻게 응용할 것인가를 늘 고민해야 한다. 인간의 감성은 언제나 상대적이라고 한다. 갑자기 새로운 것을 받아들이기도 어렵지만, 새로운 것에 익숙해지면 옛것에 금방 싫증을 내는 습성을 갖고 있다. 그래서 고객은 늘 신선한 충격을 원하기도 한다. 메시지에 이야기를 담아 전달하는 스토리마케팅을 한다는 것은 제품에 영혼을 심는 은유적 역할을 하게 될 것이다. 감동적인 에피소드나 철학적인 가치관은 스토리로 끝나는 것이 아니라 그 후에도 진화, 발전해 나갈 것이다.

---

11) 다케이 노리오, 『더 높은 가격으로 더 많이 팔 수 있다』, 애드리치 마케팅전략연구소, 2015, 6쪽.

6. 감성을 품는 민요와 시

민요란 우리 민족의 생활환경, 감정 및 생각을 표현한 노래로서 오랜 세월동안 전하여 온 것을 일컫는다. 민요는 민중들의 삶에서 저절로 생겨나 입에서 입으로 전해진다. 민요는 민중의 희로애락과 따로 뗄 수 없는 끈끈한 숨결이자 축적이라 할 수 있다. 농요(農謠)는 민요 가운데서도 일할 때 부르는 노래 중의 하나이다. 농요에는 모심는 소리, 논맴 소리 등이 있다. 우리 한반도는 농본주의 사회였던 만큼, 농요는 민요의 큰 뿌리를 차지했다.

나는 어릴 적 고향인 경북 상주에서 농요(農謠)인 '공갈못 노래'를 들판에서 곧잘 들을 수 있었다. 어떤 때는 나 자신도 흥얼거리면서 따라 부르기도 했다. 초등학교 때 배우기도 했다. 이 농요를 한 번 불러보면 민요로서 흥겨움도 있지만 한편 처연하고 애틋함이 담겨 있는 듯 느껴지기도 한다. 가사 내용을 보면 이렇다.

  상주 함창 공갈못에
  연밥 따는 저 처녀야

  연밥 줄밥 내 따주께
  이내 품에 잠자주소

  잠들기는 어렵잖아도
  연분 없는 잠을 자리

  연분이 따로 있나
  자고 나면 연분이지.

우선 가사의 내용을 보면 아름답게 피어난 연꽃 사이에서 처녀와 총각이 서로 눈이 맞아 정분이 나는 노래처럼 느껴진다. 익살스러운 은유적 애정의 표현이 담겨 있는 것 같다. 이 채련요(採蓮謠, 연꽃이 피고 연밥을 딸 무렵이면 연꽃 따는 처녀와 총각 사이의 연정의 노래)는 상주 함창의 공갈못을 배경으로 이루어진 민요이다. 연밥 따는 가사로, 경상도 모심는 노래의 대표적인 노랫말 중의 하나이다. 옛 상주목 지대에 주로 전파되어 있다.12) 공갈못은 삼한시대에 수축된 저수지이다. 지금은 농경지로 메워져 '공갈못 옛터'라는 표석과 연밥 따는 노래비만이 그 흔적으로 남아 있다. 이처럼 농요에는 우리 인간의 감성을 가득히 품고 있다는 것을 알 수 있다. 노래라는 예술적 형식을 통해 우리 삶의 의식과 생활감정을 언어로 형상화한다는 것은 참으로 대단하다는 것을 느끼게 한다. 그게 바로 예술의 위대함이라고 생각해볼 수 있을 것이다.

역시 우리 인간은 이성만으로 살아갈 수 없다. 이성은 합리적이고 과학적 사고에 기반을 둔 생각방식이라고 볼 수 있다. 그런데 이성은 인간 감정을 다루는 데 있어 한계가 있다. 그렇기 때문에 인간의 무한한 감정과 상상력은 감성으로 풀어가야 한다. 시·소설·수필·노래 등이 존재하는 이유도 감성을 풀어내기 위한 방도라고 생각해볼 수 있다. 문학이나 예술은 인간 감성을 품어주기 때문에 우리 인간은 더욱 행복감을 느끼기도 한다.

『장자』를 읽어보면 인간의 상상력이 대단하다는 것을 느낄 수 있다. 이 고전은 우화를 통한 기발한 비유와 직설적 표현이 뛰어나

---

12) 이소라, 『농요의 길을 따라』, 2001, 밀알, 34쪽.

다고 말한다. 『장자』소요유편(逍遙遊篇)에 '재물을 너무 탐하지 말라'는 뜻에서 이런 글귀가 나온다.

> 뱁새가 깊은 숲속에 둥지를 친다 해도 차지하는 것은 나뭇가지 하나일 뿐이고, 두더지가 황하의 물을 마신다고 해도 자기 배를 채우고 나면 그만일 뿐이다.[13]

이를 보면 너무 돈 돈 돈 해서는 안 될 것 같다. 설령 자기 몸을 괴롭히며 재물을 모을 수 있을 것이다. 하지만 결국 다 쓰지 못한다면 고생은 재물을 위한 것이지 자신을 위한 것은 아니다. 그래서 『장자』는 예로부터 풍부한 상상력으로 감수성을 자극하는 문예사상의 보고(寶庫)로 통했다. 장자는 자연에서 도(道)를 깨닫고, 무위(無爲)로써 자연과 조화를 이루는 법을 설파했다.

시인 장석주 씨가 쓴 '대추 한 알'을 감상해보면 '시' 하나에 우리의 무한한 감성을 담아내는 듯 여겨진다. 곡식 하나에도 자연과 사람의 엄청난 내공이 숨어 있음을 알 수 있다.

대추 한 알

저게 저절로 붉어질 리는 없다.
저 안에 태풍 몇 개
저 안에 천둥 몇 개
저 안에 벼락 몇 개

저게 저 혼자 둥글어질 리는 없다.

---

13) 장자, 『장자』, 신동준 역, 사단법인 올재, 2015, 52쪽.

저 안에 무서리 내리는 몇 밤
저 안에 땡볕 두어 달
저 안에 초승달 몇 날

이 시를 읽고 나면 대추 한 알에 대한 감탄과 경외감을 갖게 만든
다. 나는 시골농장에서 대추나무 50그루 정도를 재배하고 있다. 가끔
씩 이 시가 연상되어 대추나무를 새롭게 바라보기도 한다. 대추 한
알에도 마치 심오한 철학이 담겨 있듯이 말이다.

2012년 가을, 나는 건국대학교 충주캠퍼스에서 강의한 적이 있
었다. 나는 어느 대학이나 강의를 갈 때마다 에너지가 넘치는 기분
을 느낀다. 대학가의 패기 넘치는 젊은 대학생들은 역시 부러움의
대상이다. 젊은 에너지의 기운을 내가 받는 기분이다. 그래서 대학
교강의를 갈 때는 어느 때보다 상큼함과 활달함 속에 젖어 든다.
건국대학교 충주캠퍼스에는 처음 가본 곳인데 정감이 다가왔다.
아마 사과의 고장으로 알려진 '청풍명월의 고장 충주'라는 이미지
가 작용하지 않았나 하는 생각이 들었다. 충주시에는 가로수도
사과나무로 심어져 있다. 가을 하늘 아래 탐스러운 붉은 사과를 볼
때는 감탄사가 나올 정도로 매력을 느끼게 된다. 가로수가 유실수
란 것은 경제적 가치로 따져 봐도 상당히 클 것이다.
이곳 건국대 충주캠퍼스 본관 앞에는 황소동상이 있다. 이 광경은
나에게 아주 감성적으로 와 닿았다. 황소하면 농경문화를 상징하는
가축이다. 그 넓은 논밭에서 열심히 쟁기를 이끄는 황소를 보면 정말
힘이 대단하다는 것을 느낄 수 있다. 농업기계화가 되기 전 인간의
힘으로 할 수 없는 것을 힘센 황소가 해내 주었다. 어릴 적 나의 아

버지는 일을 열심히 한 황소에게 영양가 있게 쇠죽을 끓여서 주는
모습을 보기도 했다. 무럭무럭 김이 나는 쇠죽을 먹는 황소의 모습은
천연스럽기 짝이 없는 듯 느껴지기도 했다. 사람의 몇 몫의 작업을
거뜬히 잘 해내는 것을 보면 소의 힘이 정말 대단하다는 것을 느낄
수 있었다. 우리 민족의 삶과 함께해 온 우정의 가축이기도 하다.

이 캠퍼스에 설치되어 있는 황소동상의 글귀를 보고 황소에 대한
사랑을 더욱 느껴보았다. 황소를 예찬하는 시인 박목월 씨의 아름
다운 시다.

황소예찬

어진 눈에 하늘이 담겨지고
엄숙한 뿔이 의지를 상징하는
슬기롭고 부지런한 황소여

산을 옮길 힘을 가졌으나
어진 아기처럼 유순하고
어떤 어려움도
성실과 근면으로 이겨내는
그의 인내가
불의 앞에서는
불꽃으로 활활 타는 황소

확고한 신념으로 한결같이
제 길을 가는 그의 앞길에
영광의 무지개가 뻗친
이슬 맺힌 풀밭이 열려온다.

기원전 1700년경에도 메소포타미아 문명이 발달한 수메르 지역에서 황소가 들판에서 쟁기질을 하는 모습을 볼 수 있다. 아주 고대로부터 소는 농경시대의 삶과 함께 이어오고 있다는 것을 알 수 있다.

2015년 가을, 나는 충남 천안에 있는 교보생명의 연수원인 계성원에서 개최된 '소비자분야 통합학술대회'에 참가하였다. 주로 소비자학이나 경영학을 전공하는 교수들과 박사과정에서 공부하는 대학원생들이 많이 참석하는 자리였다.

천태산 산기슭에 자리 잡은 계성원은 한 폭의 그림같이 단아한 모습을 보여주고 있었다. 주변 산자락의 짙은 단풍들의 색깔은 한결 아름다움을 북돋아 주었다. 하룻밤을 계성원에서 보내면서 나름나름를 돌아보는 시간을 갖게 되었다. 무엇보다 낙엽이 떨어진 풍경을 볼 때는 자연의 세계로 나를 몰입도록 하는 분위기였다. 그야말로 감성에 젖어 든 시간이었다.

'계성원(啓性院)'이란 의미는 사물의 이치를 스스로 터득하며 마음의 근본을 새롭게 한다는 뜻을 지녔다고 한다. 교보생명 창립자인 신용호 회장은 다독가로 소문난 분이기도 하다. 책을 통한 교육문화 공간을 마련하기 위해 교보문고를 설립하기도 했다. 오늘날 훌륭한 서점으로 성장하게 된 것도 창립자의 책 사랑에 대한 정신이 크게 담겨 있었기 때문이라고 생각해본다.

연수원 시설 곳곳에 세심한 정성과 사랑이 깃들어 있는 느낌이었다. 서정적이고 교육적인 혼을 심어보려는 분위기가 연상되는 곳이었다. 퍽 인상적인 것은 구내식당에서 사용하는 식기가 모두 고풍

스러운 멋을 풍기는 유기그릇이었다. 식판이 민속적인 고유의 특성을 지닌 상(床)처럼 색깔을 띠는 나무판으로 되어 있었다. 식당 종업원들의 친절한 인사 태도도 돋보였다.

그곳에서 하룻밤을 묵으면서 자연의 품속에서 나를 되돌아보는 소중한 시간을 갖게 되었다. 이처럼 자연은 우리 인간을 상념 속으로 빠져들게 하는 힘이 있는 것 같았다. 그건 나를 감성적으로 살찌우는 소중한 시간으로 여겨보았다.

그때 자연의 소중함에 대해 쓴 시(詩) 한 수가 생각났다. 시인 반칠환의 「노랑제비꽃」이다.

> **노랑제비꽃 하나가 피기 위해**
> **숲이 통째로 필요하다.**
> **우주가 통째로 필요하다.**
> **지구는 통째로 제비꽃 화분이다.**

이 시를 보면 온 세상이 통째로 노랑제비꽃을 주인공으로 한 연극의 무대인 것처럼 느껴진다. 삼라만상 모두 존재의 의미가 있는 주역처럼 말이다. 이처럼 시는 많은 여운을 준다. 그래서 나는 가끔 시 읽기에 시간을 들이곤 한다. 역시 시는 삶과 자연의 압축파일인 것 같다. 시의 생생한 은유에 매력을 느끼게 된다. 그래서 시는 숭고한 분위기를 유지하며, 절제되어 있으면서도 넉넉한 구성, 주제의 품위를 잃지 않는다고 한다. 농밀한 시선으로 자연을 바라다보면 우리의 감성은 더욱 풍부함을 느끼게 될 것이다.

심리에서 묻는
농업의 길

1. 뇌를 자극하는 자연의 가치

유대인들은 왜 그토록 공부도 잘하고 돈도 잘 버는 사람들이 많을까? 유대인은 전 세계 인구의 0.2%(13백만여 명) 정도인데 역대 노벨상 전체 수상자의 약 22%를 차지하고 있다. 세계 최고의 대학이라는 하버드대학은 학생의 약 30%가 유대인이라고 한다. 세계 갑부들의 서열에서도 유대인들은 상위에 랭크되어 있다. 최근 미국 내 최고 갑부 40명 중에는 유대인이 16명이나 된다고 말한다. 오늘날 많은 유대인이 자본주의 발전의 동력인 '지식'과 '돈'을 함께 쥐고 있는 셈이다.

그럼, 어디에서 이런 위대한 힘이 나올까? 어느 연구에 의하면 유대인 민족이라면 누구나 지니고 있는 '왕성한 호기심'이 크게 작용하고 있다고 말한다. 실제로 나는 그들이 호기심과 탐구심을 일깨우는 것을 최우선 교육과제로 삼는다는 것을 직접 체험할 기회가 있었다. 1996년도 이스라엘 방문했을 때, 어린이들의 교육 모습을 보기 위해 어느 유치원을 방문하게 되었다. 그곳에서 어린아이들이 자연 속에서 감성학습을 하는 모습을 보았다. 아이들은 유치원 안에서 토끼와 새들, 그리고 아장아장 걷고 있는 병아리들을 손으로 만져보면서 또 함께 놀면서 마냥 신기해하고, 즐거워했다. 동물 친화적 감성교육이 참으로 좋은 것같이 보였다. 유치원 밖에는 여러가지 꽃이 그윽한 향기를 자아내고 있었다. 말 그대로 '자연 속 유치원'이었다. 이런 아름다운 자연환경 속에서 아이들의 감성을 기르고 호기심과 탐구심이 향상되는 것은 지극히 당연한 일일 것이다.

유대인들의 잠재적인 경쟁력은 이렇게 유아 시절부터 키워진다. 아이들의 인지능력이 손상되지 않도록 자연을 충분히 느끼게 해 풍부한 감성에 빠져들게 하는 것이다. 또한 오감을 자극하는 자연관찰로 창의력과 사고력을 길러준다. 어릴 때 체득한 호기심은 이들이 성인이 되어 무슨 일을 하더라도 끝없는 탐구력을 발휘할 수 있게 하는 원동력이 될 것이다. 이런 자연적 학습이 바로 오늘날 유대인을 더욱 능력 있고, 강한 민족으로 만드는 요체라는 것을 느껴보았다.

우리나라의 유치원도 최근 자연과 함께하는 감성교육 프로그램을 많이 도입하고 있다. '숲속 유치원', '자연 유치원'… 등 간판도 가끔씩 눈에 띄기도 한다. 이는 감성과 창의성의 중요성을 인식하기 때문이다. 과거 한글이나 숫자 배우기 등 지식전달 위주의 조급한 교육에서 탈피하려는 노력이다. 요즘 유럽에서도 아이들의 자연관찰이 사고력을 풍부하게 한다고 하면서 '숲속 유치원'이 인기라고 말한다.

이제 우리 아이들에게도 자연 속에서 오감을 일깨우는 농촌체험학습을 더욱 폭넓게 시행하는 것이 필요하다. 이러한 자연 속 교육이야말로 정해진 답이 없는 세상에서 나름의 독창적인 답을 찾을 수 있게 해줄 것이다. 자연은 감성을 낳고, 감성은 호기심을 유발하게 된다. 끊임없는 호기심 속의 질문은 더욱 심화된 지적 세계로의 진입을 가능하게 할 것이다.

세계적인 감성지능 전도사 대니얼 골먼은 "앞으로 인간의 능력은 자신을 다스리는 감정능력, 즉 감성지수(EQ)가 높아야 된다."고 했다. 사람의 경쟁력은 어느 문턱을 넘기까지는 지능지수(EQ)가 필수이지만 그 문턱을 넘어서면 감성지수가 중요하다고 한다. 감성지수는 타고나는 게 아니라 교육과 훈련에 의해 길러진다는 것이다. 그런데 감성지수는 자연을 품 안에 안고 있는 농촌에서 많이 배양될 수 있다는 것을 인식해야 할 것이다.

마을 골목길도 감성의 가치를 나타내고 있다. 마을의 골목길은 공동체생활의 소통 공간을 마련해 주고 있다. 집 앞 대문을 나서면 이웃 사람들을 만나게 된다. 자연스레 대화의 장이 열리게 된다. 골목길로 인한 일상의 자연스러운 대화 그 자체가 삶의 소통역할을 해주고 있다. 베스트셀러 『아웃라이어』에서는 공동체생활의 중요성을 얘기해 주고 있다. 미국 펜실베이니아 주에 있는 '로제토마을'에서는 50대 이하의 주민들에게서 심장질환을 찾아볼 수 없다고 한다. 유전이나 음식과 같은 여타의 모든 환경을 고려할 때 다른 지역 사람들과 별반 다를 바 없었는데, 울프라는 학자가 오랫동안 연구한 결과 '사는 방식'에 차이가 있음을 알게 되었다. 서로 많은 대화 속에 가족이나 이웃끼리 신뢰하고 도와주는 문화가 건강과 연결될 수 있다는 연구사실을 발표했다. 이처럼 오손도손한 시골의 공동체생활이 인간의 혈액순환도 원활하게 만든다는 것이다. 어쩌면 마을의 골목길은 대화의 장을 열어준 하나의 가교 역할을 한 셈이다.

이제 시골길은 자연과 마을의 공존과 배려를 의미하며, 역사와 문화의 의미를 부여하고, 청량한 기분 속에 마음의 상처를 치유하는 길이 되고 있다. 자연스러운 길에서 마음의 휴식을 찾고, 어릴 적 어머니 치맛자락에서 포근한 정서를 자아내는 듯한 기분을 느낄 수 있다. 골목길에서 소통의 장이 열리고, 화목과 평화로 가는 길이기도 하다. 시골길은 세월이 흐를수록 그 진가를 더욱 발휘하는 매력적인 길이 될 것이다. 전통적 가치의 마을길 개발은 주민들의 삶의 질을 높이고, 도시민들이 즐겨 찾는 농촌 사랑의 길이 될 것이 틀림없다. 미래의 상품으로 떠오르는 시골길을 만들기 위해 지혜를 모아 보자.

이처럼 감성은 이성이 갖지 못하는 품성과 능력을 배양시켜준다. 잠재능력개발과 호기심이 강한 사람으로 성장해 나가기 위해서라도 감성의 가치를 더욱 중요하게 여겨야 한다. 이성과 감성은 함께 공존해야 한다. 오늘날 과학화·지식화·첨단화의 문명의 굴레 속에서 감성이 뒷받침되지 않으면 인간 중심의 세상을 만들어갈 수 없다. 감성의 가치를 풍요롭게 만드는 농촌을 더욱 잘 보존해 나가야 할 것이다.

나는 시골길을 걷다가 가끔 유심히 잡초들을 들여다볼 때도 있다. 이들은 인간이 가꾸지도 않는데도 어디에서 와서 이렇게 무성하게 잘 자라고 있는지를 생각하게 된다. 잡초들은 결국 악착같은 근성으로 어떤 자연조건에도 잘 적응하고 '무한변화'한다는 것을 알 수 있다. 이들의 뛰어난 생산능력과 생존기교를 배워야 한다는 것이다. 최문형 씨가 쓴 『식물처럼 살기』에서 식물의 변화능력이 대단하다는 의미에 대해 이렇게 말하고 있다. "식물들은 항상성을 지닌다. 항상성(*여러 가지 변화 속에서도 생존을 위해 형태적 상태·생리적 상태를 안정적으로 유지하는 것)은 변화를 조절하는 능력이다. 식물은 햇빛을 받으며 광합성을 통해 자신의 항상성을 유지하고 탄소동화작용으로 지속적으로 산소를 뿜어낸다. 이는 그들이 대지 또는 하늘과의 상호작용에서 지속적인 변화를 시도하는 것이다. 항상성은 생물체의 생존에 중요한 것이다. 생체 내 시스템이 제 기능을 하지 못하면 항상성은 파괴된다. 이렇게 되면 세포들이 생존하는 데 적절한 환경을 가지지 못하므로 고통을 당한다. 항상성 파괴가 심하게 되면 생존이 불가능하게 되어 죽음에 이른다."[1] 그래서 변화하는 능력을 식물에게서 배우자고 한다. 문명의 끝에서 결국 식물만이 살아남을 것이라고 말하고 있다. 급변하는 세상에서 비록 천천히 움직여도 식물처럼 적응하고 변화하여 항상성을 유지해야 한다는 것이다.

'항상성' 하면 역시 『중용』이 떠오른다. "원래 '중용'의 '중(中)'에는 '적중(的中)'과 '시중(時中)'의 의미가 있다. 적중은 화살이 과녁의 정(正) 가운데에 꽂힌 것이다. 주변이 아닌 한가운데에 화살이 꽂혔을 때 우리는 그것을 적중하였다고 한다. 적중하려면 활시위를 잡고 당길 때 정신이 초집중 되어야 하며 다른 어떤 생각도 있어서는 안 된다.

시중은 상황이 핵심이다. 특정 상황, 특정 좌표, 특정 시간과 공간에서 어떤 행동을 하느냐의 문제이다. '그 상황에 맞는 그 행동'이 바로 시중이다. 그러니까 중용의 핵심은 '딱 들어맞는' '적절한' 행동이다. 이러한 중용의 적중과 시중은 변화에 대처하는 우리의 태도, 그리고 항상성과도 통한다."[2] 식물은 운명에 순응하는 듯이 보여도

---

1) 최문형, 『식물처럼 살기』, 사람의 무늬, 2017, 149~150쪽.
2) 김학주 역, 『중용』, 서울대학교출판부, 2006. 『식물처럼 살기』(152~153쪽)에서 재인용.

실은 적극적으로 자신의 삶을 개척하고 있다는 것을 알 수 있다.

이를 보면 식물을 보는 감성의 가치에서 또 생존원리를 깨닫는 하나의 교훈적 기회가 되기도 한다.

염원해보는 고향에서 부를 '격양가(擊壤歌)'

여우가 죽을 때 자신이 태어난 곳을 향해 몸을 눕듯이 사람도 나이가 들수록 고향에 대한 애정이 깊어진다고 한다. 누구나 고향을 사랑하는 마음은 인지상정(人之常情)일 수가 있다. 고향에 대해 생각하면 생각할수록 따스하고 정겨운 감정이 자꾸만 묻어나는 것 같다. 어떤 때는 고향을 향해 달려가고 싶은 생각이 문득문득 떠오를 때가 있다. 그때 나는 차를 몰고 아내와 같이 바람을 쐬자며 시골로 달려가곤 한다. 연어가 태어난 곳으로 다시 돌아가는 성향을 '모천회귀(母川回歸) 본능'이라고 말한다. 우리 인간에게도 그런 본능이 있듯이 말이다.

고향 방문을 할 때 차창 밖 들녘의 모습은 청량제로서 힐링 역할을 해 주는 것 같다. 어릴 적 아름다운 추억을 더듬어보면 옛 모습들이 영상의 필름 속에 담기게 된다. 이처럼 차를 타면서 스쳐 지나가는 농촌의 들녘과 상큼한 공기들은 고향의 기억을 묶어 놓는다. 특정 향기를 맡고 옛 기억을 떠올리는 걸 '프루스트 현상'이라고 말한다. 모든 것이 변화하고 사라져도 어릴 적 풍경들과 순간들은 우리를 영원히 기억할 수 있는 구조라고 여겨본다. 그래서 어릴 적 소꿉장난하던 추억이 떠오를 때가 있다.

'우리는 왜 고향을 사랑하는가?'에 대해 카이스트 대학 김대식 교수는 다음과 같이 말해주고 있다. "이 세상 대부분 사람이 고향을 사랑한다는 사실이다. 내전과 빈곤을 피해 유럽으로 떠나는 시리아인은 여전히 시리아를 사랑하고, 피비린내 나는 역사를 부정하려는 아베 총리를 일본인 대부분은 사랑할 것이다. 인간의 기억, 감정, 판단, 판단을 좌우하는 많은 신경회로망들은 환경의 영향을 받는다. 특히 어린 시절 뇌는 유연성이 뛰어나 자주 사용되는 신경망은 살아남고, 사용되지 않는 신경세포들은 사라질 수 있다. 결국 우리는 어릴 때 경험한 문화와 사회에 최적화된 뇌를 가지게 된다. 파푸아 뉴기니 사람은 왜 파푸아 뉴기니를 사랑할까? 그곳이 바로 자신의 자아를 완성시킨 고향이기 때문이다."3)

이렇듯 우리의 뇌는 환경의 영향을 받는다는 것이다. 특히 어릴 적 유연성이 뛰어날 때 최적화된 뇌의 기억이 오래간다는 것을 알 수 있다. 우리 인간에게 좋은 경험은 지나고 보면 아름다운 추억으로 여겨지게 된다는 것도 이런 연유가 아닐까 생각해본다.

오늘날 우리는 편리한 세상을 살아가고 있다. 하지만 투박하고 불편한 농촌문화가 더 추억에 강하게 남을 수 있다. 구불구불한 마을길, 무너질 듯한 돌담, 먼지가 뿌옇게 묻어 있는 정자나무 아래 평상, 소달구지가 지나가도 흙먼지가 일어나는 시골 모습이 더 정겨울 수가 있다. 도시의 일직선의 문화, 인위적인 환경보다 농촌의 자연 모습이 더욱 좋다. 그래서 나는 고향을 더욱 사랑한다. 이처럼 감성의 가치는 우리 인간에게 더욱 행복감을 가져다주는 요체라고 여겨본다.

예부터 농사는 원래 자부심과 즐거움을 갖는 일이라고 말했다. 농

---

3) 김대식, 『조선일보』, 2015.10.29.

업은 가장 주체적인 직업이라고 볼 수 있다. 누구 눈치 볼 것 없이 자기가 임금이고 제왕이다. 고생 끝에 풍성한 오곡백과를 수확할 때는 기쁨이 크다. 아득한 요(堯)나라 때, 농민들은 배불리 먹고 편하게 걱정 없이 누워 자는 태평의 시절에 '격양가(擊壤歌)'를 이처럼 불렀다고 한다. '격양가'는 땅을 치며 노래한다는 뜻이기도 하다. 요순시대의 태평성대를 잘 형용한 서정적인 노래라고 전해지기도 한다.

> **해가 뜨면 일어나 논밭 갈고**
> **해가 지면 들어와 편히 쉬며**
> **우물 파 물 마시고**
> **밭을 갈아서 먹으니**
> **제왕의 힘인들 내게 무슨 소용이 있으랴!**

우리 농촌에서도 행복한 삶터·일터·쉼터가 되어 '격양가'를 마음껏 부르는 세월이 언젠가 다가오리라고 믿어보고 싶다.

2. 마음의 평안을 주는 농업

농업은 자연이다. 자연은 인간의 삶을 평화롭게 만든다. 인간이 바라는 최적의 상태가 마음의 평화라고 일컬을 수 있다. 그 온화함과 아늑함에는 행복의 씨앗이 잉태될 수 있다. 인간의 따뜻한 정(情)이 담겨 우정의 울타리를 만들어갈 수도 있다. 세상의 궁극적 지향점은 행복한 인간다운 문화를 창조해 나간다고 볼 수 있다. 그래서 문화는 우리의 가치를 설정하며 우리의 삶에 의미를 부여한다. 그 행복한 삶의 근원적 공간을 마련해주는 곳이 바로 농업·농촌이라고 여겨보고 싶다. 자연 속으로 삶의 동화는 근심 없는 평온감을 갖게 만들 수 있다.

청산(靑山)도 절로 절로
녹수(綠水)도 절로 절로

산(山)절로 수(水)절로
산수간(山水間)에 나도 절로

이 중에 절로 자란 몸이
늙기도 절로 하리라

조선시대의 문인 우암 송시열 시이다. 그는 좌의정이란 벼슬도 하였지만 뛰어난 학식으로 많은 학자를 길러 냈다. 자연 속에서 절로 늙으며 자연의 섭리에 순응하는 삶을 노래한 것 같다. 봄부터 꽃이 피고 새가 울면서 따가운 여름 햇살 아래 무성한 계절을 지나 이제 오곡백과가 무르익는 가을 날씨에 한 번쯤 생각나는 고시조이다.

이처럼 자연의 순리대로 살아가는 것이 인간 삶의 근본인 듯하다. 그런데 우리는 때로는 의지대로 되지 않는다고 세상을 원망하고 자신을 책망하는 경우가 있다. 결국 크게 보면 아무것도 아닌데 그 순간을 이겨내지 못하고 크게 상심할 때가 있다. 사람은 인생을 살아가면서 '모든 것이 노력하면 된다.'는 함정에 빠지는 경우가 많다. 누구나 마음을 먹은 대로 다 이룰 수는 없다. 자신의 의지대로 다 이룰 수 있다면 성공하지 않을 사람은 아무도 없다. 항상 최선을 다하되 하늘의 뜻에 따른다는 진인사대천명(盡人事待天命)의 자세로 받아들여야 삶의 여백을 찾을 수 있을 것이다.[4]

---

4) 박영일, 『무지개를 띄우는 행복마을』, 이담북스, 2011, 91쪽.

노자는 『도덕경』에서 자연의 순리에 따른 삶을 살아야 한다는 의미에서 '무위자연(無爲自然)'을 말하였다. 자연에 거스르지 않고 순응하는 태도를 지녀야 된다는 의미이다. 또 그는 최고의 선인 '도(道)'란 물과 같다[상선약수(上善若水)]고 했다. 최고의 선이란 만물을 이롭게 하되, 다투지 아니하고, 모든 사람이 싫어하는 낮은 곳에 처한다는 것이다. '낮은 곳에 임하는 것이 곧 도(道)'라는 것이다. 그래서 노자는 세상을 이끄는 지도자들은 모두 물을 닮아야 한다고 말했다. 이처럼 모든 자연의 이치에서 삶의 자세에 대한 깨달음을 가지려고 했다.

상선약수	上善若水
수, 선이만물이부쟁	水, 善利萬物而不爭
처중인지소오	處衆人之所惡
고기어도	故幾於道

가장 선한 사람은 마치 물과 같네.
물은 만물을 이롭게 할 뿐 다투는 일이 없고
남들이 가장 싫어하는 곳에 머무네.
그러므로 물은 도에 가장 가깝네.[5]

－『도덕경』 8장

또 노자는 '도법자연(道法自然)'이라고 했다. 이는 도(道)가 자연을 본받는다는 것이다. 결국은 사람이 자연을 본받는다는 이야기다. 늘 자연의 모습과 변화하는 과정을 보면서 세상의 이치를 깨닫기도 하겠지만 무엇보다 마음의 평화로움을 갖게 될 것이다. 인간 최적의 상태가 평화로운 기분을 느낄 때라고 말할 수 있다.

---

5) 노자 저, 『도덕경』, 이석명 역, 사단법인 올재, 2014, 47쪽.

사람은 걸어 다니는 흙집이라고 말하기도 한다. 충남대 이계호 교수는 우리 몸의 성분을 화학적으로 분석해보면 흙, 물과 같다며 다음과 같이 얘기하고 있다.

"사람의 뼈와 같이 단단한 부분은 산소, 탄소, 수소, 칼슘으로 이뤄져 있는데, 이는 흙의 성분과 화학적으로 일치한다. 또 혈액과 같은 수분은 칼슘, 인, 마그네슘 등 바닷물의 성분과 화학적으로 동일하다. 이는 곧 인간도 자연에 속한다는 것이다. 따라서 인간은 자연의 법칙에 순응해야지 거슬러서는 살 수가 없다. 그렇기에 사람은 반드시 토양과 물로부터 영양분을 공급받아 생명을 유지하도록 돼 있다."[6]

이와 같이 자연과 사람의 구성체의 원리가 같다는 논리를 보면 '인간은 곧 자연의 일부'라고 말할 수 있을 것이다. 일부 과학자들은 사람 몸은 108개 원소로 이루어져 있는데, 세상의 물질도 108개로 이루어져 있다고 말한다. 이런 사실을 보면 역시 사람의 몸은 자연과 그 궤를 같이한다고 볼 수 있다.

문명이 첨단화되어 갈수록 '농업·농촌의 가치'는 더욱 소중함을 더해가고 있다. 농업은 생명 창고로서, 농촌은 자연과 문화를 담고 있는 요충지 역할을 하고 있다. 동서고금을 통해 생명산업인 농업을 소홀히 하고 부강하게 된 나라는 없다. 특히 녹색성장을 중요시하는 현대사회에서 농촌의 기능은 녹색지대로서 그 가치가 더욱 높아지고 있다. 문명의 발달은 오늘날 우리의 숨통을 죄어 오고 있다.

프랑스 사상가 장 자크 루소는 "자연 상태에서는 인간 그 자체가 훌륭한 존재였다. …타인을 향해 연민의 감정을 품고 있었다. 그러니

---

6) 충남대 이계호 교수, 『농민신문』, 2016.5.27.

서로서로 도우며 살아갈 수 있었다. 하지만 문명사회에 사는 인간은 상부상조하는 마음을 잃어버렸다."고 했다. 그래서 그는 '자연으로 돌아가라.'고 했다.

독일 철학자 프리드리히 셸링은 자연의 위대한 힘을 깨닫고, 자연을 철학으로 승화시키기도 했다. 즉 "셸링이 보기에 인간의 정신과 자연은 원래 일치하는 존재였다. 그는 정신이란 '눈에 보이지 않는 자연'이라고 생각했다. 그는 인간의 정신과 자연의 공통적 근원인 '생명'을 탐구했고, 이런 셸링의 사상은 훗날 생태학적 관점으로 발전되기도 했다."[7] 그는 자연을 세상을 움직이는 근원적인 힘으로 간주하면서 자연철학이라는 새로운 분야를 구축하게 되었다.

농촌은 마음의 풍요가 넘치는 곳으로 인간다운 삶의 고장이다. 그중에서 농촌생활의 구심점인 '마을'은 인간의 근원적 심성인 자연과 공동체 삶에 대한 애착으로 응집되어 있는 공간이다. 선진국으로 진입하는 국가일수록 자연과 인간의 교감을 중시하는 공동체 문화를 중시하고 있다. 인도의 민족지도자 마하트마 간디는 '마을이 세계를 구한다.'고 설파하였다. 오늘날 많은 미래학자들도 공감을 나타내고 있다. 앞으로 마을이 행복을 창조하고 삶의 가치를 향상시켜 주는 공간으로서 기대되는 이유도 여기에 있다. 이처럼 우리가 살고 있는 농촌에 대해서 그 아름다움을 이야기할 수 있어야 한다. 자연 본연의 고향인 농촌을 사랑한다는 것은 사람에 비하면 자아를 찾아가는 길이기도 하다. 자아혁명이 일어나야 세상의 변화도 일어날 수 있다. 모든 것은 자신의 마음으로 출발되기 때문이다.

---

7) 오가와 히토시, 『곁에 두고 있는 서양철학사』, 황소연 옮김, 다산북스, 2015, 127쪽, 146쪽.

자신의 마음을 되돌아볼 수 있는 농촌의 공간을 갖고 있다는 것에 긍정의 마인드를 가져보자. 거기에서 삶의 아름다움에 대해 노래를 불러보자. 세상이 아무리 어려워도 1%의 밝은 빛이 있다면 그곳을 바라다봐야 한다. 그게 삶의 지혜이기도 하다. 희망은 긍정의 씨앗에서 움트기 때문이다. '세상사 마음먹기 달렸다'는 말의 의미를 한 번 되새겨볼 만하다.

고도 산업사회의 경쟁시대에 심신이 피로해진 도시민들의 힐링공간으로 농촌만한 곳이 또 어디에 있는가? 농업이 사라지고 농업인이 없으면 싱그러운 농촌이 존재할 수 있겠는가? 답은 명확하다. '없다'는 것이다. 진지하게 상상하면서 자문자답해볼 만한 가치 있는 물음이다.

오늘날 자본주의 시대에 치열한 생존경쟁시대에 농촌은 심신을 단련시키는 안식처 역할을 하고 있다. 경쟁이 심화될수록 스트레스는 많이 받게 될 것이다. 스트레스를 풀 수 있는 곳은 농업·농촌만한 곳이 없다. 쾌적한 농촌공간에서 휴식으로 재충전의 기회를 맞이할 수 있다. 오늘날 전국 농촌체험마을들이 그런 역할을 하고 있다. 한적한 자연공간 속에서 명상의 시간을 가지면서 영혼과의 대화도 나눌 수가 있다. 명상하는 것은 영혼 안에 좋은 약을 집어넣는 것이라고 말하기도 한다. 명상은 어쩌면 마음에 행복의 씨앗을 심는 것과 같다고 할 수 있다.

경남 밀양에 가면 '꽃새미마을'이 있다. 이 마을 입구에는 큰 저수지가 있다. 그 저수지를 쭉 따라 올라가면 많은 돌탑이 길가에 서 있다. 무려 365개가 된다. 1년은 365일이라는 의미에서 마을주민들이 그렇게 세웠다고 한다. 이 마을에 방문객들이 찾아오면 많은 사람들이 돌탑 앞에서 기도하는 자세를 취한다고 한다. 각자 소원을 빌면서 뭔가 이루어지기를 바랄 것이다. 자연적 쾌적한 공간에서 명상과 기도를 하고 스트레스를 푸는 힐링의 시간을 갖게 된다. 이 마을의 돌탑 설치는 시대적 흐름을 잘 관찰했기 때문에 이루어지게 된 것이라고 짐작해보고 싶다.

쉼의 가치

나는 가끔 초등학교 동기들과 테니스를 친다. 어릴 적부터 친구로서 지내왔으니까 그 다정다감함이야말로 이루 말할 수 없다. 우정 깊은 허심탄회한 분위기 자체가 행복의 순간이다. 어떤 때는 바쁜 일이 있어도 테니스부터 먼저 치고 해 보자는 생각을 할 때가 많다. 스트레스를 풀고 에너지를 충전해보겠다는 생각을 가지면 운동하는 것을 우선순위에 둘 수 있다. 더욱 진지한 삶을 살아가기 위해서는 때로는 분위기 전환도 필요하다. 어차피 삶은 고만고만한 게 아니다. 어디에나 어려움과 고통이 있기 마련이다. 어떤 마음가짐으로 대응해 나가느냐가 중요할 것이다. 아무리 어려운 순간을 맞이하더라도 한편으로 즐기면서 살아가는 태도가 필요하다. 그러면 마음이 한결 가벼워지게 된다. 능률도 더 오르게 된다. 물론 일을 할 때는 화끈하게 해야 하지만 늘 긴장할 수만은 없다. 에너지 충전도 필요하다. 그래서 때로는 신나는 운동이 필요한 것이다.

우리 농업인들도 쉴 때는 제대로 휴식을 취해야 한다. 무더운 여름 날씨에도 뙤약볕 아래서 밭에서 일하는 농업인들도 간간이 볼 수 있다. 억척같이 일하는 모습이 열정적인 관점으로 볼 때는 아름답기는 하지만 너무 무리하면 건강에 해를 끼칠 수가 있다. 건강을 최우선 순위에 두어야 한다. 일과 휴식이 균형이 맞아야 생산성도 오르게 되고 삶의 질도 잘 유지시켜 나갈 수 있다. 세상 모든 일은 음양이 서로 균형이 맞아야 한다. 너무 한편으로 치우치면 문제가 생길 수가 있다.

'만인에 대한 만인의 투쟁'을 역설했던 철학자 토머스 홉스(1588~1679)도 "여가는 철학의 어머니"라는 명언을 남겼을 정도니, 서구 역사에서 여가의 중요성은 그 뿌리가 매우 깊다 하겠다. 아리스토텔레스도 "행복은 한가함 속에 있다"고 하였다. School(학교)의 어원은 공부와는 거리가 멀었다. Schole이란 그리스어에서 나온 말로 원래 한가한 시간 또는 여가(Leisure)란 뜻이다. 고대 그리스에선 시간적 여유가 있는 계층만 학교에 갈 수 있었던 데서 비롯됐다는 설도 있다. 또 당시 학생들이 휴식 시간에도 스승과 자유롭게 토론을 벌이곤 했던 모습에서 유래됐다는 얘기도 있다. 좌우간 공부에도 기본적으로 휴식이 필요하다는 것을 말해주는 것 같다.

취미생활의 필요성에 대해 서울대병원 정신건강의학과 윤대현 교수는 이렇게 말한다.

"뇌에는 '일하기 회로'와 '놀기 회로'가 있는데 일하기 회로만 계속 가동하다보면 두 회로가 협력관계를 이루지 못하고 경쟁 관계가 돼 버린다. 일만 하다가 갑자기 신체·정신적으로 무력해지는 번아웃 증후군을 겪게 된 사람이 갑자기 취미를 만들고 놀아보려고 해도 불안감 탓에 처음엔 잘되지 않는다. 하지만 연습과 훈련을 통해 '노는 능력'을 키우면 어쩌다 하늘만 한번 올려 봐도 에너지가 급속 충전된다고 한다.

여기서 '논다'는 개념은 그냥 일을 안 하는 상태가 아니라, 즐기고 몰입하는 것 외엔 어떠한 목적도 없는 활동을 능동적으로 수행하는 걸 뜻한다. 이게 취미다. 더 중요한 사실은 놀기 회로가 현대 사회에서 가장 중시하는 창조적 사고와 공감 능력을 담당한다는 것이다. 결국 놀기 회로가 활발히 작동해야 소통도, 일도 잘 풀리는 시대가 됐다는 얘기다."[8]

이를 보면 일과 여가생활의 조화로움에 대한 중요성을 알 수 있다. 사람은 늘 열심히 일하는 것도 중요하지만, 한편으로 삶의 질에 대해서도 고민을 해 보아야 한다. 그 균형이 잘 맞으면 '행복한 삶'을 일구어 나간다고 말할 수 있을 것이다. 상쾌한 분위기로 에너지 충전을 해야 한다. 자신의 조화로운 삶이 무엇인가를 다시금 진지하게 생각해보자.

3. 자연은 심신을 치유

농촌의 탁 트인 공간은 우리에게 정서적 안정과 심리적 자유를 느끼게 해준다. 미국 예일대학교 심리학자 존 바그너는 "도시에 사는 사람보다, 공간이 훨씬 넓게 지각되는 시골의 주택에 사는 사람이 훨씬 안정되고 자유로운 정서를 느낀다."고 주장한다. 삶의 질이 높아질수록 농촌의 공간은 더욱 필요하다는 얘기다.

환경과 생태계 보존 차원에서도 농업은 유지 발전되어야 한다. 환경보존 비용이 들듯이 우리가 비싼 쌀을 먹더라도 지속 가능한

---

8) 서울대병원 의사 윤대현, 『조선일보』, 2016.7.22.

발전을 도모하기 위해서는 불가피하게 지출해야 하는 사회적 비용으로 공감해야 한다. 아마 농촌에서 논농사와 밭농사를 안 지으면 하늘이 새까맣게 될 정도로 공기 오염은 심각할 것이라는 말도 있다. 이를 보면 농사가 환경보호에 기여하는 공이 참으로 크다는 것을 알 수 있다.

미국 뉴욕 사우스 브롱크스 지역의 교사 스티븐 리츠는 『식물의 힘(The Power of a Plant)』을 저술하여 세계적인 주목을 받았다. 자신이 근무한 사우스 브롱크스 고등학교의 평균 출석률은 40%, 졸업률은 17%에 불과했다. 어느 날 교실에서 일어난 학생들 간의 싸움이 라디에이터 밑에서 우연히 꽃을 피운 수선화 덕에 극적으로 중단된 것을 알았다. 그때 스티븐 리츠는 식물에 내재한 경이로운 힘을 깨닫는다.

그 후 콘크리트와 철조망뿐인 삭막한 동네에서 함께 쓰레기를 치우고 화단을 조성해나갔다.

식물을 키우면서 먼저 학생들의 표정이 변했다. 학생들은 학교생활이 즐겁고 의미 있게 됐다.

차츰 생활태도와 학습태도가 달라지게 됐다. 결국 지역 사회의 변화까지 이끌었다. 이런 변화의 과정을 보면서 스티븐 리츠 교사는 자연을 본받아 올바른 양육을 시작하는 것만으로도 훌륭한 교육이 될 수 있다는 확신을 갖게 되었다.

2017년 1월, 나는 경남 함양군에서 주관하는 '새해 농업인 실용교육'에 의식변화 강사로 초빙을 받았을 때 보름 동안 함양군 관내에 머물렀다. 읍면별로 순회하면서 농업인들을 대상으로 강의하였다. 그 바람에 함양군 관내를 속속들이 현장을 가볼 수 있는 행운의 기회를 얻게 되었다. 장기간 그곳에 머물다 보니 함양에 대한 애정과 친숙함이 더해가기도 했다. 알면 사랑한다고 했듯이 어느덧 나는 함양을 사랑하는 팬이 되고 말았다. 어딜 가나 기회가 되면 함양 자랑을 가끔씩 한다.

교육하는 동안 함양읍에 있는 조그마한 호텔에서 머무는 동안 주말에는 많은 등산객이나 트레킹족들이 이곳을 찾아오는 것을 볼 수 있었다. 이들은 함양에 머물면서 지리산이나 덕유산에 가서 등산도 하고 주변의 산과 계곡을 즐기곤 한다고 말한다. 이것을 보면 쾌적하고 아름다운 자연을 품은 함양이 곧 힐링의 고장이라는 것을 알 수 있었다. 무엇보다 워킹족들이 많이 모여들고 있는 모습을 볼 수 있었다. 함양군은 '항노화 지역'으로 선포하고 자연 속에 힐링하는 곳으로 만들기 위해 많은 노력을 기울이고 있다. '항노화 지역'이란 말 그대로 노화를 억제하거나 노화에 역행하도록 삶의 환경을 만드는 곳이라는 것에 의미를 두고 있다.

우리는 새로운 삶의 지혜를 찾아야 한다. 빠른 속도를 내느라 지친 몸에는 자연의 삶 속에 느림의 행보가 필요하다. 대자연의 기운을 받아들이면서 스트레스를 풀어주어야 한다. 자연은 지친 인간 심신을 치유한다. 속도의 세상이라는 현대적 삶에서 바빠질수록 자신을 찾는 공간과 시간을 가져야 한다. 사람의 신체는 원천적으로 균형적인 리듬이 필요하다. 삶의 리듬을 찾아야만 심각하게만 보였던 문제들도 하나하나 해결의 실마리를 찾을 수 있을 것이다.

외과 의사이며 영혼의 코치인 버니 S. 시겔은 "자연 속을 걷다보면 자연이 얼마나 아름답고 질서정연한지 느끼게 된다. 나는 아름다운 자연의 모습과 그 안에 담긴 지혜를 단순히 '야생'이라고 부르는 것은 적절하지 못하다고 생각한다.

우리가 만들어 놓은 도시와 우리의 삶은 때 묻지 않은 자연에 비해 훨씬 더 거칠고 무질서하다. 인간들은 그 자연 속 숨겨진 아름다움과 질서를 보지 못한 채, 소위 말하는 문명을 건설하기 위해 자연을 파헤치고 훼손하고 있다.

우리는 자연으로 돌아가 다시 한번 자연과 어우러질 필요가 있다. 진정한 평화와 질서가 존재하는 곳이 자연이다. 진정한 문명은 자연과의 조화에서 시작된다."9)라고 말한다. 이처럼 인간의 행복한 삶을 위해서는 자연과 더불어 살아야 된다는 것을 알 수 있다.

요즘 시골길 걷기가 유행이다. 이건 어쩌면 고향을 그리워하는 향수와 농촌을 그리워하는 동경심이 담겨 있다고도 볼 수 있다. 그래서 많은 사람이 배낭을 메고 시골길 걷기에 나서고 있다. 찌든 현대적 삶에 아주 현명한 방법이라고 생각된다.

풍경이 빼어난 제주도 올레길 탄생부터 시작해서 지리산 둘레길 등에 많은 체험객이 몰려들어 인기를 끌고 있다. 외국도 마찬가지다. 캐나다의 '브루스 트레일'이라는 오솔길, 프랑스의 '산티아고 컴포스테라'라는 순례자 길, 일본 교토의 '시가노의 대나무 숲길' 등은 세계적으로 알아주는 시골길이다.

앞으로 가치를 더해가고 있는 마을길을 개발하려는 노력이 필요하다. 숨은 길은 찾고, 끊어진 길은 잇고, 사라진 길은 되살리고, 없

---

9) 버니 S. 시겔, 『매일 읽는 마음 처방전』, 장선하 옮김, 눈과 마음, 2010, 314쪽.

는 길은 만들어야 한다. '길'이라는 상품을 놓고 마을에서 어떻게 디자인해 나갈 것인가를 고민해야 한다. 예컨대, 마을의 돌담길과 어우러지는 꽃길, 자유와 낭만의 분위기를 연출하는 정자나무길, 숲과 함께하는 산소체험길, 희망찬 새봄을 알려주는 개나리, 진달래가 만발하는 오솔길 등을 연상해 볼 수 있다.

제주 올레길은 제주 여행의 트렌드를 바꿔놨다고 한다. 단기 관광에서 장기 체류 여행으로, 단체 관광에서 개별 관광으로, 관광지 관광에서 마을·재래시장 탐방으로, 일회성 관광에서 지속적인 관광으로 빠르게 탈바꿈했다고 말한다. 이처럼 생태관광이 지역경제 활성화에 이바지하는 역할이 점점 커지고 있는 현상이다. 자연에 대한 관심이 증가하고 있어 생태관광 활성화가 중요하다.

시골길은 세월이 흐를수록 그 진가를 더욱 발휘하는 매력적인 길이 될 것이다. 마을길의 개발은 주민들의 삶의 질을 높이고, 도시민들이 즐겨 찾는 농촌 사랑의 길이 될 것이 틀림없다. 미래의 상품으로 떠오르는 시골길을 만들기 위해 지혜를 모아보자.

4. 힐링을 안겨주는 농촌

나는 농협중앙회에 근무할 때 몽골과 중국 농촌지도자들을 대상으로 2년 동안(1996~1997년) 3회에 걸쳐 교육을 시행하였다. 주된 강의 내용은 농촌선진화전략에 관한 것이었다. 무엇보다 그들은 우리나라 새마을운동에 대한 관심이 가장 크다는 것을 알게 되었다. 역시 새마을운동은 세계인들의 많은 주목을 받고 있다는 것을 느껴보았다.

몽골 농촌지도자들을 교육시켜 준 것에 대한 답례로 몽골농협중앙회의 초청을 받아 몽골을 방문하게 되었다. 그때가 1998년 여름이었다. 몽골의 농촌 구석구석까지 관광하면서 그들의 전통문화를 들여다볼 좋은 기회를 얻게 되었다. 우리나라의 전통문화와 비슷한 점을 많이 발견할 수 있었다. 칭기즈칸 전성기 때, 몽골에 한국 여성들이 많이 이주하게 되어 우리 문화가 확산되었을 것이라는 생각도 해보았다.

몽골을 여행하면서 맑고 깨끗한 자연환경에 많은 감탄을 해 보았다. 드넓은 푸른 초원만 바라만 봐도 마음의 평화를 느낄 수 있었다. 무엇보다 맑은 밤하늘에 머리 위로 쏟아질 듯 하늘을 가득 채운 별빛이었다. 그중 북극성이 가까이 곧 손에 닿을 듯이 유별나게 돋보였다. 순수한 자연의 경이로움에 감동 그 자체였다. 아름다운 감탄사가 절로 나왔다. 이게 무아의 지경에서 위대한 자연을 바라보는 것인가 하는 마음이 들기도 했다. 아름다운 자연으로부터 마음의 위로를 받는 기분이었다. 우리나라 밤하늘의 모습과는 아주 딴판이었다. 내가 만약 시인이었더라면 금세 시(詩) 한 수를 읊었을 것이다. 몽골이 산업적으로 선진국은 아니지만 훌륭한 자연의 가치를 풍부하게 지닌 나라라는 것에 부러움을 금치 못했다.

우리는 농촌생활의 아름다움에 대해 말할 수 있어야 한다. 플라톤은 『향연』에서 "아름다움을 향유하려면 아름다움에 대해 말할 수 있어야 한다."고 말했다. 결국 인문학은 우리가 살면서 사는 얘기를 나누는 것이다. 예를 들어 맛있는 음식을 먹는다면 맛있는 음식에 대해서 말할 수 있어야 한다. 플라톤은 "존재하는 것만큼 다 아름답다."고 했다. 삶은 아름다운 그 자체이듯이 말이다. 인생의 아름다움을 갈망하지 않는다면 삶의 포기와 같다는 의미이다.

우리는 농촌에 살면서 농촌의 아름다움을 얘기할 수 있어야 한다. 농업인 스스로가 우리가 가진 직업에 대해 긍지와 자부심을 가져야 한다. 철학자 루소가 '자연으로 돌아가라'라고 외친 것은 인간의 본향인 농촌의 삶으로 돌아가라고 말한 것으로 해석할 수 있다. 오늘날 많은 사람이 전원생활을 동경하고 있고, 도농교류활동이 의미 있고 활발하게 이루어지고 있는 이유도 여기에 있다. 평화롭고 쾌적한 농촌은 물질문명에 내몰린 현대인의 삶에 청량감을 주는 초록공간을 제공하여 오염된 도시민의 생활에 활력소를 주고 있다. 무엇보다 우리 농업인은 그 청아한 자연의 환경 속에 살아가고 있다.

풍부한 감수성이야말로 인생을 더욱 살찌우게 하는 태도가 될 것이다. 기쁨과 슬픔에 함께 동조하는 감성적 자세가 중요하다. 결국 진짜 부유한 사람은 돈이 많은 사람이 아니라 밤의 별 밑에서 경이로움에 소름이 돋는 사람이라고 말한다. 인생의 풍요에 대해서 작가 알랭 드 보통은 다음과 같이 얘기하고 있다. "이 세상에서 부유한 사람은 상인이나 지주가 아니라, 밤에 별 밑에서 강렬한 경이감을 맛보거나 다른 사람의 고통을 해석하고 덜어줄 수 있는 사람이다." 이는 부유함의 개념을 새롭게 생각하게 하는 메시지이다.

영국 사회학자 존 러스킨은 삶의 부유함에 대해 다음과 같이 말하고 있다.

"삶, 즉 사람의 힘, 기쁨의 힘, 감탄의 힘을 모두 포함하는 삶 외에 다른 부는 없다. 고귀하고 행복한 인간을 가장 많이 길러내는 나라가 가장 부유하다. 자신 삶의 기능들을 최대한 완벽하게 다듬어 자신의 삶에, 나아가 자신의 소유를 통해서 다른 사람들의 삶에도 도움이 되는 영향력을 가장 광범위하게 발휘하는 그런 사람이 가장 부유한 사람이다."[10] 이는 물질보다는 인간중심 삶의 가치로 지향해 나가자는 것이다. 풍요로움이라는 것은 곧 감수성과 감성에서 나온다는 것을 잊지 말아야 한다. 자기계발을 잘해서 영향력을 발휘하는 것은 곧 자신의 삶을 부유하게 만드는 것이라는 것을 알 수 있다.

그래서 나는 지식산업 종사자로서 늘 열심히 공부하려는 태도를 지니려고 애쓰고 있다. 부지런히 책을 읽고 글을 쓰고 강의를 하는 데 노력을 기울여 나가려고 한다. 그게 타인과 행복의 공감대를 확산해 나가는 나의 수단이라고 여겨본다. 좋은 가치와 감정을 더욱 넓게 효과적으로 공유해 나가면 주변 사람들과의 삶이 더욱 풍요로워지리라는 것을 믿어본다.

일상의 삶에서 감성을 창조하는 게 중요하다. 똑같은 현상이라도 진지한 감성으로 접목해서 느낌을 가지면 삶이 그만큼 풍요로워질 것이다. 우리 농촌문화를 알고 보면 감성적 느낌을 가질 수 있는 게 많다. 쉬운 예로 한옥의 대문을 봐도 지혜로움을 알 수 있다. 한옥의 대문은 밖에서 밀어 열도록 되어 있다. 그런데 방문이나 측간, 헛간은 대문과 반대 방향이다. 안에서 밀어 열도록 달려 있다. 왜 유독 대문만 반대 방향으로 열리도록 했을까? 대답은 이렇다. "손님은 집 안으로 맞아들이고, 복(福)은 집 밖으로 나가지 못하도록 그렇게 달아놓은 것"이라고 말한다. 이처럼 조상들의 혜안이 일상

---

10) 박웅현, 『책은 도끼다』, 북하우스, 2011, 122쪽.

문화생활에도 담겨 있다. 전통문화를 음미할수록 그 가치가 묻어난다는 것을 알 수 있다.

편리함 위주의 디지털 시대라도 인간적 정서가 교감 되지 않으면 사람들은 이에 거부감을 느낄 수 있다. 오늘날 현대인들에게 어필되고 있는 이런 아날로그적 감성을 생활주변 곳곳에서 발견할 수 있다. 이제는 넓은 길보다는 시골길이 인기가 더 좋다. 콘크리트 벽보다는 황토벽을 더 가치 있게 여긴다. 자동차보다는 자전거 타기에 더욱 묘미를 느끼고 있다. 그야말로 '슬로우 문화'에 매력을 느끼는 시대다. 산업문명이 발달할수록 농심 같은 휴머니즘이 진가를 발휘하고 있다. 이와 같이 시골의 정서, 농심의 가치가 부각되고 있는 시대적 흐름에 우리는 자부심을 가져야 한다.

고요함의 가치

노자는 자연무상에서 '고요함'의 가치에 대해 그 중요성을 일깨워주고 있다.

치허극	致虛極
수정독	守靜篤
만물병작	萬物竝作

텅 비우기를 끝까지 하고,
고요하기를 정성껏 하여,
만물이 더불어 생겨나서 돌아가는 것을 나는 본다.

－『노자』 16장

이는 자연의 고요함 속에 사색의 힘을 말해주는 것 같다. 아무리 삶이 바쁘게 움직이고 있다고 하더라도 생각의 여유를 가져야 한다. 생각은 행동의 근원이 되고 있다. 우리는 가끔 고요함 속에 생각의 깊이를 가져야 한다. 그래야만 더욱 발전적인 변화를 가져올 수 있다. 노벨상 수상자들의 약 70%의 취미가 '산책'이라고 말을 하기도 한다. 이는 곧 산책은 많은 사유의 원천을 낳는다고 보기 때문이다. 현대화된 물질문명도 사색의 바탕 위에 세워진 것이다. 자연을 품고 있는 농촌의 가치가 고상한 가운데 위대함으로 나아가는 근원지가 되고 있음을 말해주고 있는 것 같다.

나는 종종 농촌에 있는 지역농협에 강의하러 갈 때가 많다. 농촌의 산야를 바라다보며 많은 생각을 하게 된다. 농촌의 자연 모습이 생각의 기회를 주게 된다. 많은 생각을 하다보면 무엇을 어떻게 해야 하는지에 대해서도 나름 정리를 해 주는 것 같다. 그래서 생각은 많은 유익함을 가져다주게 된다는 느낌이다. 무(無)에서 유(有)를 창조하듯이 말이다.

힐링 체험교육농장

2014년 가을, 나는 경기도 고양시에 있는 '뜰안에 농장'이라는 곳에서 강의한 적이 있었다. 서울대학교와 NH투자증권이 공동 주최하는 <100세 장수시대, 인생대학> 교육프로그램에 참여한 교육생들을 대상으로 한 강의였다. 이 교육과정에 참여하고 있는 사람들은 대개 사회적 지위나 경제적으로나 꽤 여유 있는 모습으로 보였다. NH투자증권에 VIP 고객인 만큼 나름 부유한 계층에 속하는 사람들이 아닌가 하는 생각을 해보기도 했다.

이날 강의 목적은 보다 행복한 삶을 추구하기 위해서는 감성의 영역인 자연과 함께하는 삶의 가치를 다시금 깨달아보자는 취지였다.

그래서 다양한 농작물과 꽃이 물씬하게 자라는 이곳 농장에서 교육이 이루어졌다. 이성적인 삶의 형태가 아무리 중요하더라도 거기에는 자연적인 감성의 요소가 가미되어야 한다는 것에 교육의 주안점을 두었다. 또 인생후반부에 접어들수록 자연과 함께하는 삶이야말로 더욱 가치 있게 여겨질 수 있는 생활 형태라는 것도 강조하였다.

이 '뜰안에 농장' 규모는 약 1,500평 정도가 된다. 1995년부터 경영해 왔다고 농장대표 이완호 씨는 말했다. 초기부터 주로 기능성 채소를 생산하여 판매했는데, 자연과 함께하는 힐링 트렌드가 떠오름에 따라 체험과 교육을 병행하는 농장으로 변모하게 되었다고 말하였다. 기능성 채소로는 주로 탈모방지에 좋다는 어성초, 당뇨·고혈압에 효능이 있다는 명월초, 항암성분이 많다는 그라비올라, 변비 예방이나 이뇨작용에 도움을 준다는 삼백초 등을 재배하고 있었다.

이 농장에서는 먹거리, 볼거리, 즐길 거리를 제공하고 있다. 먹거리로는 기능성 허브차, 기능성 베이비 채소로 만드는 '비빌밥 메뉴'도 있다. 이곳에서는 '비빔밥'이 아니라, '비빌밥'이라는 것을 강조하고 있다. 농장에서 수확한 베이비 채소로 직접 비벼가면서 밥을 먹어보는 체험이라는 것이다. 밥도 전통 가마솥에 장작불로 짓는다. 전기밥솥의 밥맛과는 질적으로 차별화가 된다고 강조했다. 이미지로 봐도 장작불의 가마솥 밥이 전기밥솥의 밥보다 한결 풍미가 있음을 느낄 수 있었다.

볼거리는 생태하천을 이용한 친환경적인 조경은 아주 아름답게 보였다. 특이한 아이디어로 아주 돋보이게 연출해 놓았다. 다양한 원예작물들이 자라나는 모습도 볼 수 있다. 즐길 거리로는 식물을 이용한 원예체험과 맞춤교육 프로그램을 운영하고 있다. '나만의 화분 만들기 체험' 등 다양한 체험 거리가 있다. 아름다운 농장을 가꾸고 다양한 체험프로그램을 마련하는데 많은 정성을 기울인다는 것을 느낄 수 있었다.

농가수입 전체를 보면 기능성 채소 판매와 체험프로그램 운영으로 얻는 수입이 거의 비슷하다고 했다. 농산물생산과 체험교육의 소득이 반반쯤 된다는 얘기다. 체험이 중요시되는 시대적 환경변화에 잘 적응해 나가고 있는 모범적 농장경영이라는 생각이 들었다.

앞으로 원예체험 및 교육은 더욱 수요가 증가할 것이다. 어린이들에게는 자연의 메시지를 통해 정서함양이 될 것이다. 식물에 대한 이해로 산지식을 얻게 될 뿐만 아니라 창의력과 상상력을 기를 기회도 마련된다. 어른들의 경우 자연과 함께 하는 시간으로 일상의 스트레스를 해소하는 정신적 치유의 기회도 되기도 한다. 이곳을 찾는 고객 중 종종 자동차를 몰고 와서 차와 커피를 마시며 농장을 구경하고 가는 경우가 많다고 말하였다.

힐링 식물원은 문화가 발전될수록 더욱 인기를 끌게 될 것이다. 삶의 감성적 가치가 더욱 중요시되기 때문이다. 미래로 나아가는 농장의 모습을 보고 또 한 편의 희망을 보는 것 같았다. 이날 농장구경을 마친 후, 나는 '힐링과 풍요로운 삶을 주는 전원생활'이란 주제로 강의하였다. 많은 관심을 갖고 진지하게 경청해준 교육생들에게 감사함을 느껴보기도 했다.

이처럼 오늘날 농업이 체험·치유·교육의 기능으로 떠오르고 있다. 이런 측면에서 농업의 역할 가치를 생각해보면 이렇다.

0. 녹색 : 사람 눈에 가장 편안한 색상

0. 심리적 효과 : 벗어나기, 정서적 안정감, 편안함

0. 농업활동 : 근육강화, 관절 부드럽게

0. 농산물 : 생명 소중함, 자존감, 소유의식

이는 농촌체험을 하는 관광객들에게도 많은 이로움을 줄 것이다. 앞으로 몸과 마음을 치유하는 힐링 농장이나 원예치료는 그 역할이 더욱 커질 것이다. 치유농업은 신체·정서·심리·인지·사회 등의 건강을 도모한다. 그래서 치유농업을 '농업+치유+α'라는 공식으로 함축적인 뜻을 나타내고 있다. 문명이 발달될수록 그 수요는 점점 늘어나리라 예측해본다.

5. 산책은 생각과 돈을 선물

속도를 늦추었다.
세상이 넓어졌다.
속도를 더 늦추었다.
세상이 더 넓어졌다.
아예 서 버렸다.
세상이 환해졌다.

이는 유자효 시인의 「속도」이다. 짧은 시이지만 느낌이 많다. 빠르기를 뒤지게 하면 시야가 넓어지고 세계는 자세히 보이기 시작한다. 무엇이든 넉넉해지고 남음이 있게 된다. 그리고 시간을 충분히 즐길 수도 있게 된다. 유자효 시인은 바쁜 생활을 하다가 어느 때 이탈리아 카프리 여행 중에 "휴식은 죄가 아니라 아름다운 문화"라는 신선한 충격을 받았다고 한다. 고삐를 늦추고 세상을 좀 느리게 갈

필요가 있다는 것이다. 내가 시골 농장에 가끔 가는 이유도 느림의 미학을 찾기 위해서다.

내가 시골 농장에서 하루 이틀 머물 때는 많은 생각을 하게 된다. 자연 속의 조용한 공간에서 저 멀리에서 새소리, 송아지소리, 농기계가 작동하는 소리 등이 주로 들려온다. 가끔 개 짖는 소리도 들려온다. 하지만 자연이 압도하는 분위기에 그것이 크게 신경은 쓰이지 않는다. 들판의 고요한 분위기는 나 자신을 성찰하는 시간을 갖게 만든다. 농장을 방문할 때마다 서울에서 출발하기 때문에 많은 시간이 소요되지만 시간 낭비라고 생각하지 않는다. 농촌 공간 속의 시간은 나의 사고에 또 다른 의미의 생산적 효과를 낼 수 있다고 보기 때문이다.

독일인은 왜 강한가? 여러 이유가 있겠지만 그들은 유난히도 산책을 좋아한다고 말한다. 산책은 이들의 일상생활의 한 부분이다. 필자가 몇 년 전 독일에 갔을 때도 샌드백을 메고 야산을 오르거나 그냥 한가롭게 공원을 거니는 사람들을 많이 볼 수 있었다. 산책은 사색의 여유를 주며 철학적 사고력을 강화시켜 준다. 산책과 철학의 연계성을 찾아볼 수 있다. 그래서 독일에는 칸트·하이데거·야스퍼스 등 저명한 철학자가 많다.

고대 그리스 아테네 사람들은 운동, 특히 걷기를 좋아했다. 소요학파(逍遙學派, 페리파토스학파)의 우두머리인 아리스토텔레스는 천천히 걸으며 제자들을 가르쳤고 또 제자들과 토론했다. 현대 과학은 걷기와 창의성의 관계를 규명했다. 스탠퍼드대 연구진은 2014년 걷기가 창의성을 60% 증진한다는 연구결과를 발표했다. 21세기 아테네로 볼 수 있는 실리콘밸리는 걸어가며 회의하는 '워킹미팅(Walking Meeting)'의 발상지[11]라고 얘기하고 있다.

조용한 시간 속에 끊임없이 "왜"라고 묻는 철학적 사고방식을 가지면 자신의 사고를 확장하는 데 많은 도움이 될 것이다. 답을 구하기 어려워도 물음의 긴장을 견뎌내면 뭔가 자기만의 해답을 찾게 되는 경우가 많을 수 있다. 그게 자신이 가야 할 최선의 길이기도 하다. 고민하는 자체가 힘든 순간이지만 스스로 고독연습을 많이 하면 좋다고 말한다. 그래서 도쿄대 강상중 교수는 '치열한 고민으로 삶의 에너지를 얻어라'는 뜻에서 『고민하는 힘』을 저술하여 많은 독자의 주목을 받기도 했다.

철학하는 삶은 고민을 하는 데서 출발한다고 말한다. 손쉽게 답을 얻으려고 할 때 진정한 답은 나오지 않는다. 그래서 본인에게 스스로 많은 질문을 하라는 것, 그게 철학의 본질이고 세상을 주체로서 살아가는데 필요한 덕목이라고 말한다. 답을 내리기 힘든 상황에서 남에게 답을 달라고 하면 철학자의 길에서 낙오된다는 의미이기도 하다. 때로는 열정적인 고독 속에 태어난 마음의 결정이 하나의 씨앗으로 탄생되어 그것이 수백 개의 낟알을 맺고, 더 나아가 온 들판을 황금빛으로 물들이게 될지도 모른다. 그래서 깊은 고뇌의 시간이 필요한 것이다. 위대한 생각은 깊은 고독 속에 태어난다고 했다.

경쟁력 배양은 비축하는 시기를 가져야 한다. 자기계발을 열심히 하는 숙련의 시간을 가져야 한다. 나는 매년 1월이 되면 생각의 달, 독서의 달로 정해 놓고 나름대로 내공을 다져나가고 있다. 특히 1월에는 강의가 별로 없는 시기이기도 하다. 나만의 시간으로 독서

---

11) 김환영, 『중앙일보』, 2018.5.26.

에 몰입하는 시간을 가지려고 한다. 꼭 독서해야 하겠다고 마음먹은 책들은 이때 집중적으로 읽는다.

인간은 '야누스'의 얼굴을 가져야 한다고 말한다. 그야말로 욕망의 두 얼굴을 가져야 된다는 것이다. 우리 인간의 삶에서도 '수비와 공격'이 필요하다는 얘기다. 내공을 다지는 연도 초의 시기를 나 스스로 수비의 달이라고 가정해보고 있다. 1월을 뜻하는 영어 January도 원래 야누리우스(Ianuarius)라는 단어인데, 이 단어는 야누스에서 유래하였다고 말한다. 그래서 1월은 사고(思考)를 많이 해야 하는 달이라고 여겨본다.

생각하는 그 자체도 자신의 내공을 위한 수비훈련이라는 의미에서 많은 도움이 될 수 있다. 나는 일부러 생각의 시간을 많이 갖기 위해 집 주변에서 산보를 하거나 때로는 혼자서 등산을 하기도 한다. 경기도 용인의 광교산 자락은 내가 시간 날 때마다 찾는 등산코스이다. 조그마한 산길을 걸을 때는 마치 힐링이 되는 기분이다. 산속에서 들려오는 갖가지의 새소리는 마치 교향곡처럼 간주해보고 싶을 때도 있다. 새소리의 아름다운 음률은 내 마음을 빼앗아 가기도 한다. 자연에 도취되듯이 말이다.

일을 하지 않을 때 농촌의 조용한 공간에서 생각하는 시간을 많이 가져보자. 그게 미래를 더욱 활력 있게 살아갈 수 있는 방편이 될 수도 있을 것이다. 출구가 보이지 않는 물음이 빙글빙글 내 머릿속에서 맴돌 때도 생각을 깊게 해보면 정리가 될 수도 있다. 그게 곧 지혜로운 삶의 지혜이기도 하다. '생각의 힘'은 곧 인생의 등불이라고 간주하기도 한다.

걸으면 '돈'이 와요

나는 일상생활에서도 웬만하면 많이 걸으려고 한다. 지하철과 버스를 탈 때 한두 코스 더 멀리 가서 타는 경우가 종종 있다. 많이 걷기 위해서다. 걷는 것만큼 건강에 유익함이 없다는 의미에서 무조건 많이 걷겠다는 마음의 자세를 지니고 있다. 건강과 사고에 도움을 줄 수 있는 일거양득의 시간이라고 여긴다.

심신단련을 위해서는 걷는 것이 일상화돼야 한다. 많이 걸을수록 배꼽 아래 하지근육이 튼튼해지고 뒷심·뚝심·뱃심이 생기고, 정력도 세어진다. 걷는 것 자체가 보약이다. 또 걷다보면 많은 생각을 하게 되고 정리가 되기도 한다. 자신에 대한 성찰의 기회도 가지게 된다. 문제가 풀리지 않는 것도 걷다보면 새삼스럽게 좋은 생각이 떠오르기도 한다. 아인슈타인의 상대성원리도 걷는 중에 떠오른 생각이고, 톨스토이와 헤밍웨이는 방안을 서성이며 원고를 썼다고 한다.

미국의 자연 철학자인 헨리 데이비드 소로우는 '걷기 예찬'에서 "아무리 돈이 많아도 걷기에 필요한 여가와 자유, 독립은 돈으로 살 수 없다. 세속에서 벗어나 숲을 거닐고 언덕을 오르내려야 건강도 챙기고 정신도 맑아진다."며 걷기를 예찬했다. 세계적인 문호들도 때 묻지 않은 자연과 대화하면서 영감을 얻어 훌륭한 작품을 탄생시키기도 했다. 그들은 늘 걷기를 좋아했고 자연은 그들의 서재이고 도서관이었다. 사색의 향연은 자연 속에 이루어지고 있음을 알 수 있다.

'걷기'의 소중함에 대해 고미숙 작가가 쓴 『고미숙의 몸과 인문학』에서 이런 얘기가 나온다.

"근대 이전, 귀족들은 주로 칠정상(七情傷)을, 평민들은 노곤상(勞困傷)을 많이 앓았다. 귀한 사람은 겉모습이 즐거워 보여도 마음은 힘이 들고, 천한 사람은 마음이 한가해도 겉모습은 힘들어 보인다."(『동의보감』) 요컨대, 몸을 쓰면 마음이 쉬고, 몸을 쓰지 않으면 마음이 바쁘다. 이에 비춘다면, 우리 시대는 그야말로 '칠정상의 시대'다.

거의 모든 직업이 예전의 귀족만큼도 몸을 쓰지 않는다. 당연히 망상이 그치질 않는다. 망상은 잡념이고, 잡념은 온갖 병증을 불러온다. 불면증, 편집증, 강박증 등등. 이 모든 것을 한 방에 해결해 주는 방법이 하나 있다. '걷기'가 바로 그것이다. 만병통치약은 없다지만, 걷기는 놀랍게도 '거의 모든 병'을 치유해 준다. 그런 점에서 '걸음아, 날 살려라!'는 격언은 딱! 우리 시대를 위한 것이라고 여겨본다.

걷는다는 건 하체의 기운을 움직이는 행위다. 구체적으로는 발바닥의 경락을 자극하는 일이다. 발바닥 가운데가 '용천혈(湧泉穴)'이다. 용천혈은 신장과 바로 통하는 혈자리다. 신장은 수(水)에 해당하는 장부로 정력과 생식을 주관한다. 전통 혼례식에서 동네 사람들이 신랑의 발바닥을 때린 건 바로 이 원리를 원용한 풍속이다. 즉, 첫날밤을 잘 치르도록 용천혈을 최대한 자극해 주는 것이다. 뿐더러 신장의 수(水)기가 활발하게 움직이면 상체로 치솟는 불길은 절로 잡히게 된다. 걸음이 치유의 원천이라는 건 이런 원리에서다. … 몸은 다소 힘들지만 마음은 그때 쉬게 된다. 마음이 쉬면 잡념 아닌 성찰이 시작되고, 또 그동안 보지 못했던 풍경과 사람들이 눈에 들어오게 될 것이다. 이게 바로 '정신 줄을 잡았'을 때의 삶의 모습이다."[12] 이는 '걷기 예찬'의 좋은 글인 것 같다. 일단 걷고 봐야 한다. 걸으면 정신건강, 신체건강에 다 좋다. 그래서 걸으면 복이 온다는 것이다. 생명은 전적으로 자율성에 기반을 둬야 한다고 말한다. 자신 안에

---

12) 고미숙, 『고미숙의 몸과 인문학』, 북드라망, 2013, 199~200쪽.

있는 힘으로 스스로 돌려야 한다는 것이다. 그래, 무조건 많이 걷도
록 노력해보자.

6. 활력을 주는 농촌예술문화

농업·농촌은 생명자본의 근원지이다. 생명을 살리며 돈도 벌자
는 게 생명자본주의라고 말한다. 그래서 농업은 '생명자본'의 교과
서라고 한다. 이어령 선생은 『생명이 자본이다』에서 "물·바람·태
양 그리고 자연의 모든 생태계를 자본 삼아서 재생산 시스템을 만
들어내는 자본주의로 바꿔가자."13)고 말했다.

자연이 돈을 벌게 한다는 것은 일석이조의 효과를 거둔다. 자연
의 가치 증대와 경제적 이득이 동시에 수반되기 때문이다. 남이섬
에 가면 울창한 메타세쿼이아라는 나무가 있다. 1972년에 심은 것
이다. 그동안 성장해 장대하고 아름다운 숲을 이루어 이곳을 유명
관광지로 만들었다. 나도 이곳을 방문했을 때 우람한 자태의 메타
세쿼이아 숲을 보고 감탄을 하기도 했다. 남이섬 관광객 수가 매년
증가하고 있다고 한다. 옛날에는 나무를 베어 팔아야 돈을 벌었는
데, 이젠 나무를 심고 가꿈으로써 아름다운 풍경을 만들고 감동을
주는 가치를 창출해낸다. 이게 바로 생명자본주의의 사례다.

이어령 선생은 "생명을 살리는 것이 또 하나의 문화가 된다."고
했다. 또 그는 "물질적인 기능성보다, 어떤 풍경이 우리의 마음에
갖는 호소력, 우리의 마음을 위로해주고 병든 마음을 고쳐주는 힐링

---

13) 이어령, 『생명이 자본이다』, 마로니에북스, 2014, 170쪽.

의 힘이 자본이 되는 것이다."[14] 그래서, 생명을 자본으로 하는 경제 패러다임으로 가면 문화적 가치, 정신적 가치가 창출된다고 했다.

농업에 대한 예술적 가치 접목은 농촌의 공간에서 음악, 미술, 연극 등의 소재들을 잘 활용해서 농촌의 기능을 한층 더 높여 가자는 것이다. 오늘날 농촌에서 이루어지고 있는 팜 파티나 음악회 개최 등이 좋은 사례라고 볼 수 있다. 요즘 전국 각지에서 '팜 파티 행사'가 많이 열리곤 한다. 2018년 5월, 경북 김천에 있는 '장맛 나는 농원'을 방문하였다. 이곳은 장맛을 중심으로 다양한 음식으로 만들어 방문객의 흥미를 돋우고 있다. 산중에 위치하여 자연의 정취가 물씬 풍기는 곳이다. 이곳에서 종종 팜 파티가 이루어지곤 한다고 말한다.

봄이 되면 배꽃 축제가 열리는 과수원이 많이 있다. 연인과 함께 배꽃이 만발한 넓은 과수원에서 사진도 찍고 음악회도 즐길 수 있다. 경기도 화성시 비봉면에 있는 현명농장에서는 이 행사를 매년 개최하고 있다. 풍물농악놀이뿐만 아니라 다채로운 이벤트 행사도 벌이고 있다. 배꽃과 예술을 접목하여 성공하고 있는 대표적 농장이기도 하다.

충북 괴산군 문광면 양곡저수지 아래 있는 논엔 매년 커다란 토끼가 등장한다. 토끼 두 마리가 절구를 찧는 대형 그림 아래에 <청정 괴산>이란 홍보 문구가 적혀 있다. 일반 벼 사이에 유색 벼인 흑미를 심어 색깔을 낸 <논 그림>은 논을 캔버스로 벼농사를 예술의 수준으로 끌어올려 관광객들에게 인기를 끌고 있다.

2008년부터 유색 벼를 이용한 논 그림이 각종 미디어 매체를 통해 널리 알려지면서 자연친화적이고 살아 있는 광고물로 자리 잡게

---

14) 이어령, 『생명이 자본이다』, 마로니에북스, 2014, 317쪽.

되었다. 논이 쌀 생산뿐 아니라 지역특산물 홍보와 관광수입 등 1석 3조의 효과를 거두고 있다. 지금까지 쌀 생산지로만 이용하던 논을 새로운 자원으로 다양하게 활용할 수 있는 기틀을 마련한 셈이다. 이는 인문학적 상상력을 발휘해 생명의 또 다른 가치를 끌어낸 훌륭한 사례라고 볼 수 있다.

2009년, 선진 농촌체험관광마을을 견학하기 위해 스위스의 융프라우 산자락의 한 농촌마을에서 묵은 적이 있었다. 마을의 아름다움 때문에 많은 외지인이 와서 민박을 하는 곳이다. 30여 농가가 소를 방목하여 비육우를 생산하고 낙농업을 함께하는 작은 마을이다. 소들이 초원에서 풀을 뜯고 있고, 호숫가에는 백조들이 거닐고 있는 모습을 보면 한가로움이 넘쳐나는 아주 평화스러운 한 폭의 풍경화 같은 곳이다.

그런데 마을촌장은 "우리 마을은 겉보기에는 소들이 풀을 뜯고 백조들이 노니는 한가롭게 보이는 마을이지만 주민들 마음은 프로 경영마인드로 무장되어 있어 아주 바쁘게 움직이고 있다."고 했다. 마치 호숫가의 백조들이 겉보기에는 여유롭고 아름다워 보이지만 수면 아래 있는 백조들의 물갈퀴는 잠시도 쉴 틈이 없는 것과 같이 자신들의 마을경영은 톱니바퀴처럼 체계적으로 운영되고 있다고 하였다.

그들은 자연의 신선함과 농촌마을의 이미지가 주는 목가적인 풍경에 안주하지 않고 있었다. 마을주민들이 어떻게 하면 마을을 방문하는 고객 중심으로 다가갈 것인가에 대해 늘 고민하고 행동하는 모습을 보았다. 고객을 맞이하는 서비스 정신이 철두철미한 마을이었다.

이 마을주민들은 수시로 전문강사를 초빙하여 마을경영, 브랜드

관리 등의 강의를 들음으로써 마을경영의식을 높이고 있었다. 마을 운영도 총괄운영팀, 환경관리팀, 농산물판매팀, 향토음식개발팀, 체험지도팀, 마을홍보팀 등 체계적으로 조직을 구성하여 운영하고 있었다. 마을에서 방목하고 있는 비육우는 브랜드관리를 철저히 함으로써 유럽시장에서 비싸게 팔리고 있다고 말하였다.

아무리 천연자원이 풍부한 나라도 경영의식이 약하면 가난의 대물림에서 벗어날 수 없다. 경영마인드는 숨어 있는 자원을 돈으로 바꿔가는 창조적 도구이다. 우리도 농업의 가치에 뭔가를 접목하는 창조적 융합사고로 한 단계 더 업그레이드되는 농업으로 나아가 보자.

문화적 행동은 생존의 요소

흔히 문화나 예술은 빈곤이 제거된 후에 찾게 된다고 말한다. 우선 먹고 살아야 문화든 뭐든 즐길 여유가 생긴다는 것. 하지만 문화는 그저 '장식용'으로 존재하는 게 아니라 개인과 사회의 생존에 필수적인 요소라는 것이다.

브라이언 보이드가 쓴 『이야기의 기원』에서 문화적 행동의 중요성을 강조하고 있다. 그는 유대인을 학살시킨 아우슈비츠 수용소에서 있었던 사례를 가지고 다음과 같이 설명하고 있다. "수용소에도 티타임의 관습은 있었다. 몇 번이나 우려낸 묽은 찻물이었지만 수용자들에게 하루 한 번씩 차가 배급되었다. 흥미로운 사실은 그 묽은 차라도 그 자리에서 허겁지겁 마셔버리는 사람이 있었는가 하면, 절반은 마시고 나머지로는 얼굴이나 손발을 씻는 사람이 있었다는 점이다. 물이 그만큼 귀했던 탓이다. 전자가 동물적 본능에 충실한 사람이라면 후자는 인간적 본능에 따른 사람이다. 그렇다면 누가 살아남을 확률이 높았을까? 놀랍게도 생존율은 후자가 높았다."15)

또, 저자는 종교와 예술도 인간의 삶에서 장식용이 아니라는 것이다. 인간이 적응해야 할 문화적 측면에서 보자는 것이다. 그는 다음과 같이 얘기하고 있다.

"종교는 외부의 실재가 없는 존재를 향한 정교한 신앙과 행동 체계이고, 예술은 인간의 취향에만 호소하도록 설계된 관습체계이므로 우리 종에게 종교와 예술은 '장식용'으로 보인다. 그러나 종교를 적응이라고 보는 사람들도 있다. 나는 예술 일반, 구체적으로 스토리텔링도 우리 종교의 적응이라는 점을 보여줄 것이다. 종교와 예술은 결코 장식용이 아니라 인간 생활의 주축이다." 세계 장수촌의 사례를 보더라도 종교가 없는 사람들보다 신앙생활을 한 사람들이 더 오래 산다는 경우를 말하고 있다. 영적인 건강생활이 장수비결이란 얘기다. 종교 중심의 문화적 생활이 인간의 수명과도 관련된다고 추측해 볼 수 있다. 어떠하든지 '영혼'의 관점에서 정리해본다면 신앙적 생활에 대해 어떻게 할 것인가에 대해 진지하게 생각해 볼 필요성이 있을 것이다.

2010년 8월 1일, 역사적으로 안동 하회마을, 경주 양동마을이 유네스코 세계문화유산으로 등재된 기쁜 날이었다. 이 두 곳은 조선시대 유교사회의 특징을 잘 보여주는 600년 전통 역사마을이다. 하회마을과 양동마을은 선조들의 훌륭한 지혜가 담겨 있다. 즉, 마을 전체가 자연과 하나가 된 경관을 이루며, '농경지(생산 공간)-거주지(생활 공간)-유보지(의식 공간)'로 나뉘어 유교적 성격이 강조되는 마을 구성을 이루고 있다. 특히 풍광 좋은 곳에 세운 서원과 정

---

15) 브라이언 보이드, 『이야기의 기원』, 남경태 옮김, 휴머니스트, 2013, 5~7쪽.

자 등은 의식공간의 핵심지로 학문·교육·사교의 장이었다. 정체성과 자족 기능을 충분히 갖추고 있다.16) 이를 보면 마을생활에는 '의식과 교육'이라는 문화가 담겨 있음을 알 수 있다. 이곳뿐만 아니라 우리나라 마을 곳곳에는 서당과 정자가 있는 곳이 많은데 이런 문화적 기능을 하고 있다고 보아야 할 것이다.

　현대에 이르러서도 오늘날 농촌의 각 분야에서 자연의 가치와 예술적 요소가 접목되고 있다. 또 전통문화나 지역 역사에 스토리를 가미하면서 직간접적으로 농산업을 견인하는 부분이 많다. 전남 함평 나비축제의 경우 환경과 인간의 가치를 담은 세계적 축제로 발돋움할 정도로 인정받고 있다. 여기에는 인문학적 사고가 내재되어 있기 때문이다. 경북 고령 개실마을에 가면 조선시대 문신이자 사상가인 점필재 김종직 선생의 후손들이 모여 사는 집성촌이 있다. 이곳에 가면 조선시대 건립된 모습의 전통한옥체험도 할 수 있다. 또 고대왕국인 대가야의 흔적을 밟아보는 오감여행도 할 수 있다. 전통문화가치를 잘 활용해 농촌체험관광마을로 인기를 얻고 있다. 역시 인문학적 발상이다.

　이를 보면 아무리 세상이 변화하더라도 우리의 뿌리인 전통문화의 가치는 더욱 소중하다는 것을 알 수 있다. 문화나 예술은 장식용이 아니라 생존에 도움을 주는 가치라고 여겨보고 싶다. 그것은 이미 우리의 삶이나 정신에 깊숙이 영향력을 미치는 존재라고 말할 수 있을 것이다.

---

16) 박영일, 『무지개를 띄우는 행복마을』, 이담북스, 2011, 104쪽.

에필로그

광범위한 인문학의 범위를 우리 농업경영에 접목한다는 것은 마치 태산준령 앞에 호미 한 자루로 마주 서는 격이 아닌가 하는 생각이 든다. 인문고전 속에 길이 있다는 신념으로 오랫동안 고뇌했는데, 무수한 진리 속에서 인문학적 관점으로 정립시키기란 역시 어렵다는 것을 고백하지 않을 수 없다.

처음 시도할 때는 큰 집을 지어보려고 노력했는데, 막상 원고를 마감하고 보니 오막살이집을 짓지 않았나 하는 생각이 든다. 하나의 창조적 결과물을 만든다는 것은 참으로 어렵다는 것을 다시금 느껴본다. 무엇보다 철학자 프리드리히 니체는 "글로 쓰인 모든 것 가운데서도 사람의 피로 쓰인 것만을 사랑한다."고 했다. 글에는 저자의 혈혈한 고뇌의 진정성을 쏟아 넣어야 된다는 뜻인 것 같다. 이 책의 글은 과연 그러한가에 대해 반성을 해보았다. 물론 많이 미흡하지만 그래도 나름 열정적 땀의 흔적을 담았다고 생각한다.

이 책을 발간하기까지 나는 그동안 인문학 관련 서적에 대한 많은 독서와 더불어 깊은 애정의 시간을 갖게 되었다. 어떻게 하면 논리와 설득력을 가질 수 있을까에 대해서도 많은 고민도 해보았다. 갖가지의 상념 속에서 버려진 글감도 많았다. 결국 이 책에 담은 것은 미래 농업경영 발전을 위해 마중물 역할을 하도록 나의 조그마한 인문학적 관점을 접목한 것이라고 여겨본다. 독자의 깊은 이해의 아량을 기대할 뿐이다. 영농기술은 '어떻게(How)'에 대한 답을 주지만, 인문학은 '무엇

(What)'을 위한 고민을 하게 해주기 때문이다. 우리 농업에 가치를 부여하고 영혼을 입히는 핵심 주체는 농업인이다. 보다 선진농업으로 나아가기 위해서는 인간과 자연에 대한 깊은 이해가 전제되어야 할 것이다. 또 미래에 대한 통찰력을 갖기 위해서는 과거를 깊이 탐색해보는 시간도 가져봄이 좋을 것이다. 삶의 본질적 가치를 말해주는 인문학적 사랑이 결국 우리 농업발전에 큰 몫을 해 줄 것이다.

특히 고전공부는 과거로의 회귀가 아니라 당면과제를 재조명하는 것이 되어야 한다. 인류의 정신사는 어느 시대에나 과거의 연장 선상에서 미래를 모색해가게 마련이다. 그래서 '미래는 과거로부터 온다.'고 말한다. 또 미래는 외부로부터 오는 것이 아니라 내부로부터 오는 것이라고 얘기한다. 이는 우리의 잠재의식이 중요하다는 것을 뜻하고 있다.

생명산업을 지켜나가는 농업인으로서 희망을 갖고 굳건히 나아가보자. 장구한 역사를 겪어온 가장 자연스러운 가치와 질서가 우리 농업 속에 담겨 있다. 노자는 "인간이 가는 길(道)은 자연을 본받는다."고 했다. 농업·농촌 생활이 삶의 가치를 더 높이고 진정한 행복창조의 근원적 역할을 하는 산업이라고 여겨보자. 긍지로써 우리 자신을 스스로 신뢰하는 농업인이 되어야 한다.

이 책을 계기로 인문학의 주요 분야인 철학·역사·문학·심리의 관점에서 우리 농업에 접근해보는 데 자그마한 도움이라도 되기를 빌어 마지않는다. 더불어 우리 농업인에게 자긍심을 부여하고 부자 농촌으로 만들어나가는데 촉매제 역할이 되기를 기대해본다.

저자 박 영 일

박영일

성균관대학교 회계학과를 졸업하였으며, 중앙대학교 산업경영대학원을 거쳐 상명대학교에서 경영학박사 학위를 취득하였다. 30여 년간 농협중앙회에서 근무하면서 농촌사랑추진단장, 농촌사랑지도자연수원 부원장으로 재직하였다. 현재 심농(心農)교육원을 운영하고 있다. 시대적 사명감에 (사)한국저출산고령화대책협회 부이사장을 맡고 있으며, 농촌여성신문 객원논설위원으로 활동하고 있다.

인문고전 사랑을 최고의 가치로 여기며 틈만 나면 애독하고 있다. 늘 농촌사랑의 숨결 속에 곧잘 농촌현장으로 달려가기도 한다. 후학을 양성한다는 마음으로 상명대학교에서 오랫동안 경영학강의를 해 왔다.

그동안 '행복한 삶의 지혜', '프로만이 생존할 수 있다', '농업·농촌의 가치' 등 주제로 MBC TV특강, MBC 라디오방송국(삼척), KBS TV방송국(대전) 등에서 강의하였으며, 농협·시군농업기술센터·농식품공무원교육원·사회단체·대학교 등에서 다양한 주제로 많은 강의를 해 오고 있다. 일본에서도 두 번이나 초청을 받아 인상 깊은 국제적 강의를 한 적이 있다. 특히 오늘날 장수시대를 맞이하여 '귀농·귀촌 성공전략'이라는 주제로 삼성전자(주)·한국표준협회·한국주택금융공사·공무원교육원·교육연수원 등에서 강의를 해오고 있다.

저서로는『인생, 뜨겁게 KISS하라』,『무지개를 띄우는 행복마을』,『풍요로운 삶을 위한 행복연습』이 있다.

인문학에서 미래농업의 길을 찾다

초판인쇄 2019년 1월 3일
초판발행 2019년 1월 3일

지은이 박영일
펴낸이 채종준
펴낸곳 한국학술정보㈜
주소 경기도 파주시 회동길 230(문발동)
전화 031) 908-3181(대표)
팩스 031) 908-3189
홈페이지 http://ebook.kstudy.com
전자우편 출판사업부 publish@kstudy.com
등록 제일산-115호(2000. 6. 19)

ISBN 978-89-268-8675-5 93040